海昏文化丛书

走近海昏

南昌汉代海昏侯国遗址博物馆概览

彭明瀚　编著

南昌汉代海昏侯国遗址博物馆　编

江西人民出版社
全国百佳出版社

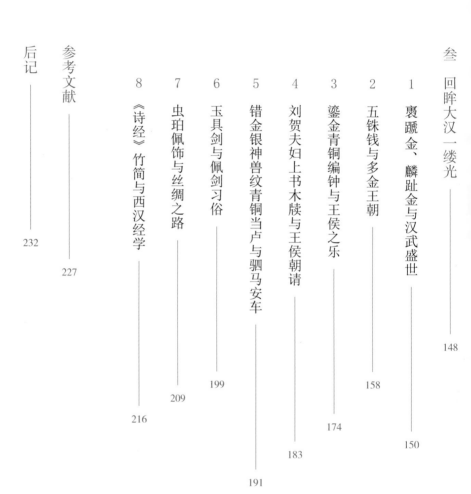

目录

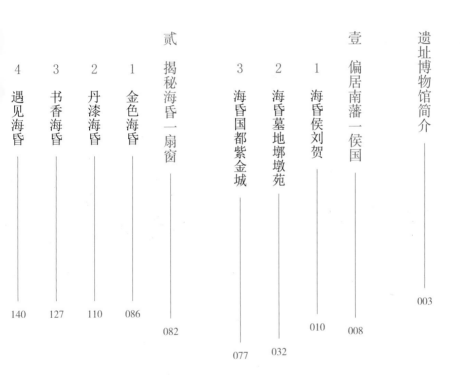

汉代海昏侯国国家考古遗址公园鸟瞰图

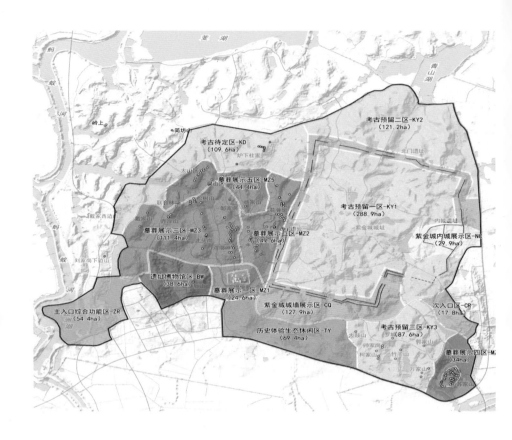

汉代海昏侯国国家考古遗址公园布局示意图

遗址博物馆简介

数字博物馆

　　2011 年开始考古发掘的海昏侯刘贺墓园出土文物近 5 万余件（套），涵盖金银器、青铜器、铁器、玉器、漆木器、陶瓷器等，其种类之多、数量之大、品质之精，为西汉王侯墓考古所仅见，堪称一部反映汉代鼎盛时期璀璨文化的百科全书，具有极高的历史价值、科学价值、艺术价值和时代价值。刘贺墓考古成果惊艳世界，被评为 2015 年度全国十大考古新发现、中国百年百大考古发现、世界重大田野考古发现等。各级政府高度重视海昏侯国遗址的保护工作，国务院将其公布为全国重点文物保护单位，国家文物局将其公布为国家考古遗址公园。江西

游客中心

省委、省政府和南昌市委、市政府按照国家文物局提出的"一流的考古、一流的保护、一流的展示"要求开展各项工作，于2016 年成立南昌汉代海昏侯国遗址管理局、遗址博物馆，专门负责该遗址考古发掘、文物保护、文物研究、文物展示和国家考古遗址公园建设。

南昌汉代海昏侯国遗址博物馆位于海昏侯国国家考古遗址公园，是一座以全国重点文物保护单位紫金城与铁河古墓群及其周边自然景观为依托，以文物收藏、保护、研究、展示、阐释、体验和考古发掘为主要功能的专题博物馆。遗址博物馆设计方案以突出遗产价值为取向，遵循该遗址保护规划确立的对场地原有地形地貌进行最小干预原则，选址位于紧贴该遗址建设控制地带的一处山谷，最大限度与遗址周边的岗地、水系及农耕环境相协调，保护遗址区地形地貌与生态原真性，通过地形学的设计路径，以低伏的建筑形态嵌入山谷之中，以延展的主入口广场衔接湖面水系，屋顶覆盖绿植，将博物馆的形体空间复归于大遗址的风土地脉中。博物馆总体格局取意《易经·乾卦》中的"见龙在田"，采用刘贺墓出土文物中特色鲜明的龙形图案，以谦逊低伏的龙形姿态掩映于山光水色、阡陌田野间。建筑包括地下1层、地面以上2层、局部3层，高度18米，建筑面积约4万平方米。三组游动于山谷中的线性体形互为环扣，将博物馆的各项功能有序分布其中，功能物化于建筑形态，形成分区清晰、动线流畅的建筑空间，为海昏侯国遗址出土文物的永续收藏、科技保护、科学研究、有效展示和汉文明传承、汉文化体验、公众休闲提供分区合理、设施先进、功能配套的现代化公共文化空间。博物馆主入口广场进深长168米，象征海昏侯国168年的可考历史（公元前63年—公元104年）；三段台阶将广场分为四级，表明第一代海昏侯刘贺历经王、帝、故王、侯四种身份的风云变幻；33级台阶，示意刘贺33年的传奇人生。遗址博物馆由东南大学齐康院士领衔设计，中国建筑集团有限公司承建，馆名由时任中国书法家协会主席苏士澍先生题写。博物馆于2018年5月开工建设，经过2年多的精心建设，2020年9月23日建成开放，标志着海昏侯国遗址出土文物保护利用翻开了新篇章。

南昌汉代海昏侯国遗址博物馆是全国规模最大的汉代文物收藏、展示中心，藏品50042件（套），其中珍贵文物1039件（套）。博物馆陈列立足于海昏侯国遗址出土文物，展陈体系以刘贺墓园、祠堂岗墓园、紫金城城址等考古遗迹原址展示为依托，丰富展示内容；以基本陈列《金色海昏》为基础，展示汉代海昏侯国历史与文化，展陈面积为4828平方米；以《书香海昏》和《丹漆海昏》2个专题展览为延伸，充分展示海昏简牍文化、漆器文化，展陈面积为1832平方米；以观众互动展厅《遇见海昏》为拓展，以高科技手段诠释海昏侯国文物背后的故事，展陈面积为2159平方米。此外，面积1000多平方米的临时展厅，可以不定期举办各种临时性特展，丰富观众观展体验。

观众走进博物馆，在回味大汉盛世的辉煌、体味王侯生活的奢华、品味汉人的风雅意趣过程中汲取传统的智慧，增进历史自信、文化自强、民族自豪。

遗址博物馆践行文化为民、文化惠民宗旨，以人为本，不断改进和完善观众服务设施，美化遗址公园环境，努力为社会公众提供全方位的优质服务，全年365天对公众开放。公园入口设有大型停车场、通往南昌市区的旅游公交专线始发站，有大型游客广场、游客中心，提供观众购票、园区观光车、游船换乘等服务。展馆内配备有多语种语音导览、影像播放、电脑咨询系统和海昏食府、海昏工坊和海昏学堂等,尽力满足观众对汉文化求知、鉴赏、娱乐、茶歇、购物等方面的需求;设施配套完备的学术报告厅、汉乐剧场、4D 影院,可供举办学术交流、乐舞演出和影像观赏活动,满足观众深度文化探索的需求。南昌汉代海昏侯国遗址博物馆官网、官方微信作为博物馆对外信息发布、信息交流、文化传播的平台,是博物馆通向社会公众的重要窗口。南昌汉代海昏侯国遗址博物馆数字馆,24 小时在线,是随时陪伴公众的博物馆。

我们将持续深入学习贯彻习近平总书记关于文物工作重要论述精神,贯彻落实"保护第一、加强管理、挖掘价值、有效利用、让文物活起来"的新时代文物工作方针,增强政治责任感和历史使命感,扎实做好各项工作,讲好海昏故事,努力把博物馆建设成为南昌文化新地标、江西文化旅游金名片、汉文明展示窗口和汉文化研究基地,推动海昏文旅事业高质量发展、全方位进步;推动海昏文化创造性转化、创新性发展,坚定文化自信,为建设江西文化强省、南昌文化强市贡献海昏力量。

偏居南藩

一侯国

在西汉时期，实行郡国并行制度。封国分诸侯王国和侯国两种，分别相当于郡、县二级行政单位，诸侯王和列侯是爵位，不是官阶。列侯是当时二十等爵位的最高等级，原本名"彻侯"，后因避汉武帝刘彻讳而改称"列侯"，最初是"汉封功臣，大者王，小者侯"，汉高祖末年之后，群臣异姓的有功者可以封侯，即所谓"功臣侯"；皇族子弟和外戚也可以封侯，即所谓"皇族侯"，海昏侯属于皇族侯。海昏侯国因豫章郡（今属江西）海昏县得名，是西汉时期分封在长江以南最南的刘氏直系侯国。

西汉豫章郡虽然在汉武帝刘彻平定南越之后由边郡变为内郡，但这里远离政治、经济、文化中心长安（今陕西西安），社会发展较为迟缓，处于欠发达状态，在司马迁《史记》中称为"江南卑湿，丈夫早夭"之地，在当时是发配遭贬官员或罪犯的地方，刘贺被视为"放废之人，宜屏于远方"，因此被汉宣帝刘询分封到了这里。刘贺在给汉宣帝和上官皇太后上书时自称"南藩海昏侯臣贺"，意即分封在南方偏远之地的侯，是对"屏于远方"的呼应，是臣服于朝廷的态度，字里行间透出百般无奈与自嘲。或认为刘贺自称"南藩海昏侯"是僭越，暗藏封王的野心，殊不知，刘贺身份特殊，一直处在霍光与汉宣帝的严密监视下，现存他元康年间的全部上书均称"南藩海昏侯臣贺，昧死再拜上书"，态度谦卑至极，如果有僭越，汉廷早就下诏叱责、让其改正了，所以没有必要对此过分解读。

1

海昏侯刘贺

公元前 201 年，汉高祖刘邦在豫章郡设立南昌、海昏等 18 个县，奠定了今日江西省行政区划的基本格局。海昏县位于潦河与修河流域两大水系之间，大致范围为：东至今鄱阳湖区，北至今武宁县，南至今奉新县南界，西至今奉新县西界，相当于今天永修、武宁、靖安、安义和奉新 5 个县以及新建区北部、庐山市南部滨湖地区。元康三年（公元前 63 年）春，汉宣帝刘询封刘贺为海昏侯，海昏县更名为海昏侯国。刘贺自元康三年受封海昏侯，至神爵三年（公元前 59 年）去世，在海昏侯国生活了 4 年。刘贺去世后，汉宣帝下令废除海昏侯国。公元前 46 年，汉元帝刘奭封刘贺第三子刘代宗为海昏侯，史称海昏釐侯。

刘贺出身皇族，生于王室，是雄才大略的汉武帝刘彻之孙、第一代昌邑哀王刘髆独子。刘髆为汉武帝最宠爱的李夫人所生，天汉四年（公元前 97 年）被汉武帝册封为昌邑王，任命硕儒夏侯始昌为昌邑太傅，负责教导。刘髆既没有政治野心，又没有什么政绩，所以在《汉书·武五子传》中只有9个字记载："天汉四年立，十一年薨。"后元二年（公元前87年）刘髆死后，时年6岁的独子刘贺继承父亲爵位，为第二代昌邑王，朝廷任命《诗经》与《春秋》谷梁学大师鲁申公的再传弟子王式为昌邑太傅，教导刘贺，武帝对两代昌邑王教育重视之程度，由此可见一斑。

元平元年（公元前74年）四月十七日，即刘贺继承王位后的第十三年，年仅21岁的傀儡皇帝汉昭帝刘弗陵突然病逝，膝下无子，又没有留下遗诏指定皇位继承人，议定下一任皇帝人选成为西汉朝廷各派政治势力较量的焦点。《汉书》记载："元平元年，昭帝崩，亡嗣。武帝六男独有广陵王胥在，群臣议所立，咸持广陵王。"自西周嫡长子制度定型后，世袭权力交接的原则是"父死子继，兄终弟及"，昭帝无子嗣，无法实现子承父位的直系嫡传，由他的亲兄弟或关系较近的侄子来继位则是对嫡长子制度的灵活变通之举，即立贵。汉武帝其他5个儿子，戾太子刘据、燕刺王刘旦因谋反伏诛，齐怀王刘闳、昌邑哀王刘髆二人早死，只有广陵王刘胥一人健在，援引西汉前期诛灭吕氏外戚集团后立长不立少的做法，刘胥是唯一选择，是第一顺序继承人，有例可循，当时大臣们几乎是一边倒地支持刘胥继位。但对大司马大将军、辅政大臣霍光来说，这不是一个好选项，他以武帝曾说刘胥不是做皇帝的料为由，果断否决了群臣的提议，静观其变，且迟迟不确定帝位人选。霍光之所

刘贺世系图

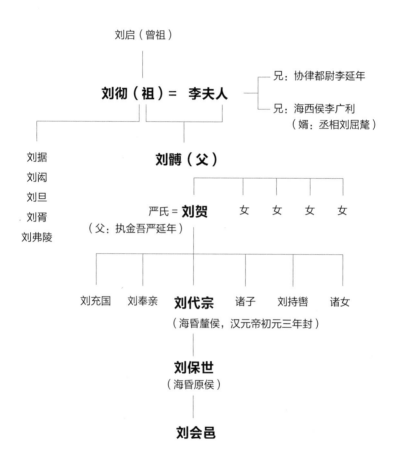

刘启（曾祖）

刘彻（祖）＝ 李夫人 ── 兄：协律都尉李延年
── 兄：海西侯李广利
（婿：丞相刘屈氂）

刘据
刘闳
刘旦
刘胥
刘弗陵

刘髆（父）

严氏＝刘贺　女　女　女　女
（父：执金吾严延年）

刘充国　刘奉亲　刘代宗　诸子　刘持锡　诸女
（海昏釐侯，汉元帝初元三年封）

刘保世
（海昏原侯）

刘会邑

以力排群臣"咸持广陵王"之议，表面理由是武帝早已把他排除在继承人选之外，不可再用，真正原因则在于广陵王正值盛年，身体健壮，权欲强烈，觊觎皇位已久，已在诸侯王国得到了 43 年的地方行政历练，有一批得力的辅臣，形成了盘根错节的广陵集团，不易于操控。一旦入主未央宫，有可能用广陵之政取代汉政，霍光继续维持独揽朝纲的局面无法得到保证；再者，刘胥是武帝第三子、昭帝的兄长，他援引汉文帝的先例，可以直接继承武帝的嗣统，昭帝上官皇后自然不可能依例成为皇太后（汉文帝入主未央宫后，宣布他的生母薄氏为皇太后，宣示自己继承的是刘邦的皇位，无形中抹除了他的 2 个侄子、各做了 4 年皇帝的前后少帝在位 8 年的历史。班固在《汉书》中为了维护文帝嗣统的合法性，没有给前后少帝作《纪》，把这 8 年历史系在《高后纪》），霍光便无法继续通过控制其外孙女上官氏来下达诏令，这当然是霍光无法容忍的事。

这样继承人选范围就缩小到与昭帝血缘关系较近的王室成员，即从武帝其他皇子所生皇侄中挑选。武帝长子刘据，征和二年（公元前 91 年）七月因谋反兵败被杀，他的 2 个儿子均遇害，虽然留下了一个孙子刘病已（刘贺被废黜后，被霍光拥立为帝，改名刘询），但辈份比昭帝低两辈，是武帝的曾孙、昭帝的孙子辈，于礼不合，不能作为第一顺序继承人，这一支系暂时可以被排除。次子齐怀王刘闳早逝，无后。第四子燕刺王刘旦生前两次谋逆，元凤元年（公元前 80 年）自杀，国除，其子刘建自然可以被排除，因此人选只有第三子广陵王刘

广陵王刘胥陵"黄肠题凑"墙

胥长子霸和第五子昌邑哀王刘髆独子贺 2 人。刘胥为刘旦同母弟，品行不端，立长时霍光不选择他，立幼时自然也不会选择其子刘霸。相对其他人，刘髆父子均无明显劣迹，刘髆身份较为尊贵，生母李夫人深得武帝宠幸，她死后，在卫皇后仍在皇后位的情况下，武帝仍以皇后礼安葬，且在思后卫子夫遭废黜之后，被追谥为孝武皇后，配祭孝武庙。从立贵的角度来看，刘贺是继承昭帝皇统的最佳人选。刘贺比昭帝低一辈，在昭帝无子嗣的情况下，成了武帝特殊意义上的嫡孙，继位名正言顺，合乎礼制。从霍光集团的角度来看，昌邑王刘贺远较广陵王刘胥年轻，外戚李氏势力在武帝晚年被连根拔起，更容易被操纵控制。在刘胥与刘贺之间，霍光集团与群臣两派势力围绕立长与立少，经过43天博弈，最终因一位名不见经传的郎官揣摩到霍光心意，曲意阿上，提出只要合适，废长立少也可以的建议，还列举了古人为了国家社稷的长治久安而废长立幼的史例，这份上书一到霍光手上，立即被采纳，当天就确定了刘贺为皇位继承人。霍光奏请上官皇后同意，当天晚上就下密诏，用目前所知当时最快捷的交通方式"七乘传"征召年仅19岁的刘贺火速进京入继大宗，派遣心腹行大鸿胪事少府史乐成、宗正刘德、光禄大夫邴吉和中郎将利汉4人负责迎接刘贺以昭帝嗣子身份主持昭帝丧事，实际上是要立他为新皇帝，刘贺迎来了他人生中第一次重大转折，天上掉馅饼，即从诸侯王变成了天下人敬仰的天子。从《汉书》记载来看，刘贺比之于刘胥，血缘关系更远，做诸侯王时的表现更差，刘贺被立，完全是霍光集团为了排斥广陵王而采取的举措，是各派政治利益制衡、调整的结果，刘贺就这样在混乱不堪的局面、错综复杂的矛盾斗争中被霍光力排众议、扶上九五尊位。

刘贺到达长安后，拜见昭帝皇后，被册立为皇太子，也就是说，从此时起，他已经过继给昭帝做儿子，昭帝皇后成了他事实上的母亲。六月初一，刘贺在昭帝灵柩前接受皇帝玉玺，登上皇帝宝座，成为西汉第九位皇帝。从血缘关系讲，刘贺是昭帝和上官皇后的侄子，从皇位继承角度讲，他又是昭帝和上官皇后的继子，上官皇后顺理成章成了皇太后，从皇宫移驾长乐宫生活。

刘贺即位后，一直沉浸在天上掉馅饼的亢奋之中，在未央宫温室自得其乐，对朝廷的诡谲、皇宫的凶险估计不足，误判了当时朝廷的政治形势与力量对比，定力不够，未能充分听取身边谋臣的建议，没有采纳昌邑中尉王吉万事听命于大将军的劝谏，也没有像他的前任昭帝、后任宣帝那样对霍光采取隐忍态度，在没有建立稳固的反霍联盟之前，急于亲政，与霍光争权，将昌邑旧部皆征召至长安，越级提拔为朝官，企图掌握皇宫和京畿的实权，昌邑相安乐升任长乐卫尉，掌握皇太后居住的长乐宫守卫权，试图打探霍光与他外孙女上官皇太后交往的情况。从后来霍光发动政变的情况来看，刘贺的步调太慢，守门的宫官卫士、中黄门宦者、内廷侍从都是霍光的亲信，以至霍光等人在未央宫商量废黜刘贺一事、到长乐宫觐见上官太后数落刘贺的罪状、皇太后移驾未央宫，废黜刘贺之事准备妥当了，这么大的动静，刘贺竟一无所知。另外，刘贺在主观上对自己从诸侯王到皇帝这一身份转变的象征意义和政治责任变化缺少清醒的认识，延续诸侯王时期骄奢淫逸的恶习，不听昌邑旧臣王吉、龚遂等人要他唯霍光马首是瞻的劝谏，不知收敛，与从原昌邑王国带来的旧部纵情享乐，违背圣道，被霍光抓住了把柄。

霍光拥立刘贺的本意是希望他心怀感激，既俯首听命、又

　　　　　　　　　　　　　　　　走　近　海　昏

《除海昏侯国诏》木牍之七，昌邑国有 6 个县

能安定汉家天下，以便于自己专擅朝政。然而刘贺即位后的举动，却使霍光的计划完全落空。身处政治漩涡中的刘贺一如诸侯王时的作派，盛气凌人，我行我素，不愿意做一个傀儡皇帝，他想仿效同样是从藩王入主皇宫称帝的汉文帝，不自量力，试图从辅政大臣霍光手中收回皇权，扭转当时霍光专权的政局，以至于在昭帝葬事未毕的情况下，签发密诏派特使前往昌邑王国，代表自己以"嗣子皇帝"身份向昌邑哀王庙献上三太牢祭品，用实际行动宣示自己继承的是刘髆的皇统正宗，无形中否认了昭帝继统、霍光辅政的合法性，急于以昌邑群臣取代霍光朝臣、以昌邑之政取代汉政的意图太明显。这一举动不仅威胁到掌握实际政治权力的霍光集团的既得利益，也引起了早已习惯于对诸侯国官员持高高在上态度的朝官的反感。霍光的官衔是大司马大将军，大司马是加官，无固定职掌，无印绶无官属，仅限加于将军官衔之上，是汉武帝为了恩宠卫青、霍去病的制度创新。大将军是个临时官衔，有军事任务时临时委任，领兵作战，战事结束，回朝复命，交回兵符，免职，并无具体行政职掌。霍光为了合法行使行政权力，借着辅政的便利，自创了个"领尚书事"头衔给自己加上，排斥外朝相权，在中朝以辅政名义行使皇帝权力，大权独揽，即使昭帝成年后也不归政，昭帝21岁病逝时也没能亲政。刘贺继位后，霍光也没有归还权力的举动。此时领尚书事不是官衔，只是一种临时行政权运行机制，刘贺当上皇帝后，并没有明确霍光可以继续"领尚书事"，更没有让霍光继续辅政的意思（因为刘贺已成年，霍光没有理由再辅政。继刘贺之后的西汉第十任皇帝刘询，虽然已经成年，但他鉴于刘贺之废，基于当时的朝政态势，在霍光明确表示归政的情况下，仍然不敢贸然亲政，挽留霍光辅政，至霍光病逝之后才正式亲政），也就是说，霍光继续行使行政权力的机制不灵了，合法性没有了，这也是霍光集团废黜刘贺时向皇太后所上奏书要由丞相杨敞来领衔的原因所在。

霍光在昭帝时已辅政13年之久，铲除了桑弘羊、上官桀父子、燕刺王旦等异己势力，总揽朝纲，党羽盘根错节，权倾朝野，朝中没有、地方也无制约霍光的力量。经过文、景、武三代的削藩，地方上的刘氏诸侯王已今非昔比，王国形同郡，没有了汉初齐、淮南、吴、楚等诸侯王国对朝臣的震慑作用。在这种情况下，霍光自然不肯轻易交出权力，双方权力冲突，剑拔弩张，班固在《汉书》中隐晦地记述为："国辅大臣未褒，而昌邑小辇先迁"。霍光政治斗争经验丰富，为保持专权，当机立断，迅速付诸行动，与心腹大司农田延年秘密商议先发制人、发动宫廷政变废黜刘贺的计划，一面暗中与车骑将军张安世着手准备，一面派遣田延年游说丞相杨敞，争取外朝支持。经过十多天的精心准备，六月廿八日，霍光召集丞相、御史、将军、列侯、中二千石、大夫、博士齐集未央宫，就废黜刘贺一事举行公卿廷议。尽管霍光事先做好了周密部署，因事发突然，事情重大，群臣听完霍光的提议后，对即将要发生的以下犯上、以臣废君之举，皆"惊鄂失色"，大司农田延年见状，手按佩剑叱责群臣说，武帝让霍光辅政，是要霍光保住刘家基业，废黜刘贺正是为了这个目的，今天谁胆敢不听从大将军，我就用手中宝剑当场斩杀谁。众臣为了避免身死家败，只得俯首听命。霍光于是命人拿出事先准备好的奏书，让丞相杨敞带领大家签名，然后到长乐宫觐见上官皇太后，向皇太后奏陈刘贺种种不轨行为及不适合当皇帝的理由。随后，霍光带人进入未央宫温室，抓捕了全部昌邑旧臣200多人，软禁刘贺。与此同时，上官皇太后从长乐宫移驾未央宫承明殿，召见刘贺与霍光等人，文武群臣在霍光的胁迫下联名参劾刘贺。刘贺认为群臣所列罪状不过是"无道"，还引用《孝经》"闻天子有争臣七人，虽无道不失天下"予以反驳（凑巧的是，刘贺墓出土竹简中正好包括此简），霍光随即严词叱责："皇太后诏废，安得天子"，夺下刘贺腰间佩带的"皇帝行玺"印绶（西汉时期皇帝有行玺、皇帝信玺、皇帝之玺、天子行玺、天子信玺、天子之玺6枚印章，各有功用，只有皇帝行玺因用于处理日常政务而随身佩带，其他5枚印章平时封存在符节台，由尚符玺郎中保管，霍光从刘贺腰间解下的玉印自然是皇帝行玺），并当廷上交上官皇太后，宫廷政变成功。群臣随即目送刘贺离开未央宫，霍光亲自把刘贺送到了昌邑国在长安的昌邑邸，表明此时刘贺的身份回到了昌邑王，并没有把他视为罪犯。不过，很快就有人上奏，请求依祖制废除昌邑国，把刘贺贬为庶人、发配到邻近长安的汉中房陵县（这是西汉处置犯罪的刘姓宗室成员的宗法，比如，淮南王刘长、济川王刘明、常山王刘勃、广川王刘海阳、清河王刘年、河涧王刘元等有罪诸侯王，均被发配至房陵思过）。皇太后考虑到刘贺做过天子的特殊身份，对他庇护有加，把刘贺问题作为特殊个案，特殊对待，在废除昌邑国的同时，把刘贺安置到原昌邑国王宫，原昌邑王府的财产一并赏赐给刘贺，赐汤沐邑 2000 户，另赐昌邑哀王 4 个女儿汤沐邑各 1000 户。西汉时期宗室、公主、皇太后可食汤沐邑，犯罪的刘姓王侯也可以食汤沐邑，只是数量不多，一般是 100 户，而上官皇太后对刘贺关照有加，给了 2000 户，相当于当时中等以上王子侯的经济待遇，是其他获罪王侯的 20 倍，如果从这个角度来看，皇太后并没有把刘贺作为罪人或庶人，《汉书》中称其为"前昌邑王""故昌邑王"或"昌邑王贺"。这是刘贺人生中第二次重大转折，皇帝封号没有了，原有的封地昌邑国改成了中央政府管辖的山阳郡，原有的昌邑王封号也没了，从西汉皇帝变成了被"软禁"的"故王"。

刘贺六月初一即位，六月初七葬昭帝，六月二十八日被废黜，专横跋扈的霍光出尔反尔，在如此短时间内完成速立、速废刘贺两件大事，把皇位玩弄于股掌之中。刘贺继承天子位后，霍光不是依祖制立即安排他拜见高祖刘邦庙，举行登基大典，以实际行动宣示归政于新皇帝，而是密谋发动政变，这充分说明，霍光集团废黜刘贺，只是政治斗争的需要，所罗列的 1127 条"罪状"绝大多数属于有失检点的生活作风问题，并没有一条真正够得上把他从皇帝宝座上拉下来的令人信服的理由，最严重的也只是"行淫乱"。《除海昏侯国诏》之"天子"木牍、

"十一"木牍在罗列刘贺罪状时，也只有"贺淫乱，荒暴罔上""暴乱废绝之人"数语。汉代王侯"荒淫"，史不绝书，司马迁《史记》笔下的刘邦形象是：不学无术，游手好闲，喜酒好色。因此，后人对刘贺罪名持怀疑态度，千百年来有近百人对此发表了1000余条评论，北宋苏轼则质疑："光等数贺之恶，可尽信哉？"北宋理学家李觏批评霍光："视君如玩物，去取在诸掌"，著名历史学家吕思勉在《秦汉史》中明确指出，"史所言昌邑王罪状，皆不足信"。

刘贺既没被封新爵位，也没被贬为庶人，表明刘氏皇室宗人身份得以保留，《汉书》中称其为"故王""废王贺"，这在当时是一个很特殊的处分方案。刘贺比西汉前期被废的2位皇帝要幸运得多。公元前184年，西汉第三任皇帝前少帝刘恭偶然听说自己不是张嫣皇太后亲生子，发了几句牢骚，临朝主政的太皇太后吕雉担心日后生变，便废黜并杀害了自己的皇曾孙、

海昏《孝经》竹简

走近海昏

《除海昏侯国诏》之「十二」木牍

《除海昏侯国诏》之「天子」木牍

年仅 7 岁的皇帝，另立少帝弟弟、恒山王刘弘，首开西汉兄终弟及、地方诸侯王入主皇宫称帝之先河。公元前 180 年，权臣周勃、陈平等人在吕后去世后铲除吕氏一党，软禁后少帝刘弘，拥立刘弘的叔叔、代王刘恒为帝，是为汉文帝，西汉皇位从高祖刘邦长子、大宗刘盈系转移到皇四子、小宗刘恒系。汉文帝即位当天，便下令杀害西汉第四任皇帝刘弘及汉惠帝其他 3 个儿子，清除了大宗的全部势力，以绝后患。刘贺继续居住在昌邑城里原来的王宫中，凭着原昌邑王府财产以及自己受赐的 2000 户汤沐邑的租税收入，仍有条件过着钟鸣鼎食的奢侈生活。据山阳太守张敞元康二年（公元前 64 年）向宣帝的密奏可知，前昌邑王宫里面生活的人除刘贺外，还有他的妻妾 16 人、子女 22 人以及奴婢 183 人。

宣帝铲除霍光集团、独掌皇权之后，便着手处理遗留问题"故王贺"。在霍光专权时期，刘贺虽然从皇帝大位上下来了，但并没有被发配到房陵县集中看管，还以"故王"身份住在原来的王宫里，也就是说，废黜刘贺之事并没有做成铁案，在当时人们心目中，刘贺是"故王"，不是罪犯，也不是庶民，随时有翻盘东山再起的可能；再者，刘贺的立与废，出于霍光的一个念头，时刻警告宣帝，隐含着宣帝继位的侥幸性，为其他刘氏宗亲留下了想象空间，这对宣帝来说，如鲠在喉，潜在危机没有解除，《汉书》中说，宣帝"心内忌贺"。地节二年（公元前 68 年）霍光死后，宣帝亲政，第二年立皇太子，五月任命心腹张敞为山阳太守以严密监视刘贺一举一动。张敞遵照宣

"昌邑九年"漆笥局部

帝的旨意，看管昌邑故王宫，用刘贺的钱雇人把守王宫，不准人员随便进出，指定专人每天早上为王宫采购食物，断绝刘贺与外界的一切往来，他本人还进入王宫，了解刘贺的动态，将所见所闻悉数密报宣帝。元康二年（公元前64年），即宣帝在彻底清算霍光一党之后的第二年，他派特使送密诏给张敞，指示他调查刘贺的最新表现。宣帝在多次批阅张敞有关刘贺言谈举止、身边人员、精神面貌、思想意识的密奏后，确定刘贺不可能对皇位构成威胁的情况下，为了笼络刘氏宗亲，标榜"仁政"，网开一面，于元康三年（公元前63年）三月十九日颁布诏书，封"故昌邑王贺为海昏侯"，食邑4000户，但同时又规定不准刘贺参加宗庙祭祀、朝聘之礼，实质上是一个没有政治权利、仅能享有封国租税的列侯，也就是说，宣帝"复封"刘贺为侯，是大打折扣的复封。对刘贺来说，这也比以前被变相软禁在昌邑故王宫中的处境好了很多。这一年刘贺30岁，是他人生第三次重大转折，结束了在原昌邑王宫11年之久的"软禁"生活，由一名没有行动自由的"故王"贬为一名"列侯"，俸禄增加了一倍，重新燃起了美好生活的希望，似乎不久就可以恢复诸侯王身份了。汉代强调以孝治天下，对犯罪宗氏本着"亲亲"原则给予宽宥，往往采取贬谪、废免爵位、削减食邑等方式，以罚代刑，宗室王侯因罪免爵、除国，因念及骨肉之情、维护宗室特权，多数人在处罚期间只要没有劣迹，短期内便可以回迁故国、恢复原爵或加封其子孙，例如，汉昭帝元凤元年（公元前80年）燕剌王旦谋反，除国，汉宣帝本始元年（公元前73年）封燕刺王旦长子刘建为广阳王；宣帝本始四年（公元前70年），广川王刘吉犯罪自杀，除国，5年后的地节四年（公元前66年），宣帝复封刘吉的孙子刘文为广川王。可是，刘贺并没有其他刘氏宗亲那么幸运，汉宣帝虽然给他列侯的爵位，但是没有完全解除对他的监视，没过多久，扬州刺史柯向朝廷告发刘贺，说他违犯封国王侯不得与地方官吏往来、议论国政的祖宗成法，与百石小吏豫章太守卒史孙万世交往，心怀异志，图谋封王豫章，此事经调查核实后，大臣上奏宣帝，要求法办刘贺，夺去爵位，废除侯国，藉没家产，下狱治罪。值得玩味的是，宣帝表现出格外宽大，仅作出削减食邑3000户的处罚，以示惩戒，《除海昏侯国诏》之"九"木牍，也提到了"削户三千"一事，可以与《汉书》的相关记载互证。从此刘贺成了一名千户侯，封王豫章的美梦破灭。经过这突如其来的沉重打击，神爵三年九月初八，刘贺在南藩生活了短短4年多时间就病逝了，豫章太守廖以刘贺长子刘充国、次子刘奉亲相继病逝为由上奏朝廷，请求废除海昏侯国，经朝臣廷议后，汉宣帝下诏废除海昏侯国。

初元三年（公元前46年），也就是海昏侯国被废13年后，汉宣帝的儿子汉元帝刘奭封刘贺儿子代宗为海昏侯，继承刘贺嗣统，史称海昏釐侯，海昏侯国得以恢复。代宗死，子保世嗣位；原侯保世死，子会邑继立；王莽篡汉时，海昏侯国被废除，刘会邑沦落为平民。刘秀建立东汉，复兴刘氏天下，刘会邑复封为海昏侯，东汉中期班固写《汉书》时海昏侯国依

《除海昏侯国诏》之「九」木牍

《除海昏侯国诏》之「太守廖」木牍

《除海昏侯国诏》之「十二」木牍

走 近 海 昏

然存在，是为数不多从西汉中后期起一直存留至东汉的刘氏侯国。从汉宣帝元康三年分封刘贺为海昏侯，到汉元帝复封刘代宗为海昏侯，史料记载名字、封号清楚的海昏侯爵位传承至少4代，约90年。东汉刘会邑以后，海昏侯家族的记载不具体，《后汉书·郡国志》豫章郡中记有"海昏侯国"，说明东汉时期海昏侯国存在了相当长一段时间。考古调查勘探表明，紫金城城址与铁河古墓群区域中的苏家山东汉墓园，面积约100000平方米，可以与《后汉书·郡国志》的有关记载相印证。

刘贺一生富有传奇色彩，他先后经历了诸侯王（封地包括昌邑等6个县）、天子（在位27天）、故昌邑王（食汤沐邑2000户）、列侯（食邑4000户，后减至1000户）4种身份，人生大起大落，是中国历史上唯一集"天子、王、侯"身份于一身者，也是汉代唯一失去帝位而又善终者，被废黜后不但没有遭到诛杀，还过着富足的家庭生活，15年后在列侯任上寿终正寝。他虽然贵为天子、继任过诸侯王，做过侯爷，但帝位遭废黜，昌邑王国被削藩，海昏侯国被废除，所以他没有得到与这些身份有关的谥号。他在位仅27天，是历史上在位时间最短的皇帝，还没有等到改元（新皇登基，当年还是前任皇帝的年号，第二年才用新的年号）就被废黜，没有确定年号，在正史中，西汉皇帝的名号并没有列上他，《汉书》没有像其他皇帝那样给他作《纪》，只是把他的事迹附记在《武五子传》，传记称"子"不称"王"，与《高五王传》《文三王传》相比，显得别扭，这是班固采取的变通手法，因为刘贺虽然集"帝、王、

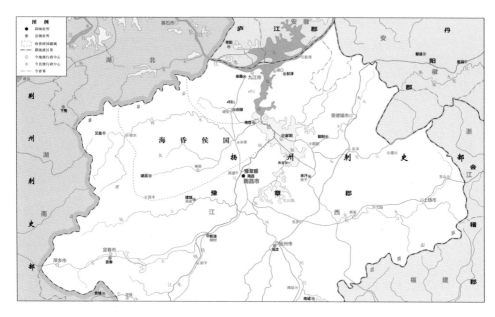

汉代海昏侯国疆域示意图

侯"身份于一身，但这些身份都被取消了，只有其父刘髆作为
汉武帝儿子的事实无法改变，于是把刘贺的传记附在刘髆名
下。他虽失去帝位，却仍拥有原昌邑王国的财富。也就是说，
刘贺被废掉之后，没有恢复昌邑王身份，但又能继续住在昌邑
王宫，继承了原昌邑王国的所有财物，比如，"昌邑籍田"青铜
鼎、青铜编钟、驷马安车、褒蹄金、麟趾金等，都是西汉诸侯
王才可以拥有的物品。

　　班固《汉书》笔下的刘贺是一个负面形象，劣迹斑斑，行

刘贺牙齿

为怪诞，荒淫无度，率性而为，不学无术，不守礼法，不听忠谏，失礼乱制，悖乱无德，不堪为帝，《五行志》《天文志》等篇章中还罗列了许多妖异凶兆，来证明刘贺是忤逆天意的狂悖者，论证霍光以下犯上、废黜皇帝是上承天意的正当之举。两千年后刘贺墓的惊世大发现，大量诸如竹简、木牍、编钟一类的文物，为我们认识刘贺、了解西汉时期的江西提供了一个新视角，不少人据此认为刘贺有较高的文化素养，爱好音乐，富有生活情趣和品位，刘贺的历史形象似乎变得焕然一新。

2

海昏墓地墎墩苑

　　墎墩山刘贺墓园以刘贺墓为中心，平面呈梯形，面积较大。四周筑墙，形成一个相对封闭的空间，残存夯筑墙基和墙体，东西长233—248米，南北宽141—186米，垣墙周长868米、宽约2米，面积约4.6万平方米，约合汉代100亩。墓园设有东门和北门，门址由门道、门墩和夯土基址构成。东门面阔约5.7米、进深约1.8米，北门面阔10.6—12米、进深约5.7米。东门、北门外有夯筑双体门阙基址，对称分布。墓园以刘贺墓（M_1）和侯夫人墓（M_2）为中心，由2座主墓、7座甲字形竖穴土坑祔葬墓、1座外藏椁和相关礼仪性建筑以及3眼水井、道路和排水遗存构成，墓外设施较完善。刘贺墓及其夫人墓同茔异穴，占据墓园最高亢、中心的位置，两墓共用一个面积约4000平方米的礼制性高台建筑。该礼制性建筑由东西厢房（F_{13}、F_{14}）、寝（F_2）和祠堂（F_1）构成，其中寝的基址平面呈方形，由4座平面呈曲尺形的夯土基址组成，边长约10

米，面积约 100 平方米。祠堂为回廊形建筑，主体夯土基址呈"凹"形，外围分布方形夯土基础，东西长约 14 米、南北宽约 10 米，面积约 140 平方米。厢房分别位于高台建筑的东、西两侧，均为三开间的长方形回廊式建筑，每组长约 37 米、宽约 10 米，面积约 370 平方米。

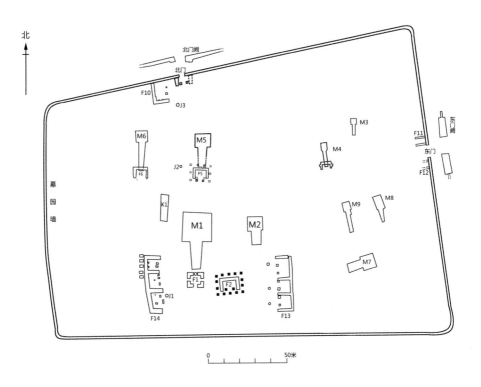

刘贺墓园平面分布示意图

刘贺夫妇墓远眺

　　刘贺墓（M₁）和侯夫人墓（M₂），东西并列，共建于墎墩山顶。封土下有方形大型夯土基座，基座 2 层，下层基座和 M₂ 共用，与文献记载中的"堂坛"相印证。从墓园遗迹平面图看，侯夫人墓位于刘贺墓的东侧、相关建筑的东北角，与刘贺墓共用相关礼制性建筑，但位置较偏，有可能是刘贺下葬后重新规划所致，而其封土对刘贺墓封土形成局部叠压也可能与此有关。

　　刘贺墓总面积约 400 平方米，规模宏大，坐北朝南，上有

残高约 7 米（相当于汉尺 3 丈）的覆斗形封土，下有
坐北朝南、平面呈"甲"字形的墓穴，墓室开口南北
长约 17.2 米、东西宽约 17.1 米、深约 8 米；墓道开
口南北长 15.65—16.17 米、东西宽 5.92—7.22 米，
斜向连入墓室。

刘贺墓椁室设计严密，布局清晰，功能明确，
建筑科学，制作精工，密封严实，其结构呈居室化
倾向，属于西汉中晚期采用"汉制"埋葬的列侯大
型土圹木椁墓。木椁由正藏椁、徼道、回廊形外藏

刘贺墓寝殿遗址

椁和甬道构成，东西长约 16.1 米、南北宽约 16.5 米，面积约 265.7 平方米。椁室中央为正藏椁，东西长约 7.4 米、南北宽约 7 米、通高约 3 米，面积约 51.8 平方米，平面高出徼道和周围回廊形藏椁约 0.6 米。正藏椁盖二层盖板，用木板隔墙分成东、西室，中间开有一门。东室宽约 3.7 米，南部东、西两侧开窗，中间为门，可直通门前的徼道；西室宽约 2.9 米，南部西侧开窗，东侧辟门，门宽约 1.4 米，可直通门前的徼道。椁侧板与墓壁之间的熟土二层台宽约 1.2 米，采用砂、木炭、黏土分层夯筑而成。椁底板铺设一层竹席或草席，墓道南部与椁室相连区域用竹编护壁。正藏椁东、北、西三面按功能区分环绕若干个不同功能室组成的回廊形藏椁，象征地面不同的功能建筑空间，盖一层盖板，没有门窗与徼道相通，体现出箱的功能，以区别于正藏椁起居室的功能，但北藏椁正北部分可以与徼道相通。正藏椁与外藏椁之间辟有宽约 0.7 米的徼道，将正藏椁与外藏椁分隔开来，徼道东、南、西三面摆放彩绘漆盾、漆戈、漆戟、漆铩等仪杖类兵器。正藏椁和墓道之间有甬道相连，封护讲究。甬道内及其东、西两侧的藏椁为"厩"系统，殉葬偶乐车；北藏椁、西藏椁为"内官"系统，北藏椁殉葬编钟编磬、漆耳杯、漆盘、漆樽、漆俑、五谷、铜钱等，西藏椁殉葬衣物、佩剑、简牍、文玩等生活日用品；东藏椁为"食官"系统，殉葬食品、食器，包括青铜质、陶质、瓷质酒器，青铜炊具、漆案、漆盘、漆耳杯等。

刘贺墓园
出土瓦当

瓦当花纹

二号水井出土
"食官"漆耳杯

刘贺夫人墓

刘贺墓正射图

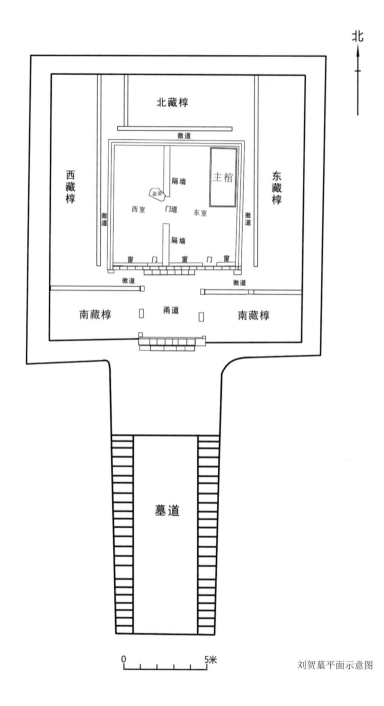

北

北藏椁

徽道

西藏椁　　西室　隔墙　门道　东室　主棺　东藏椁

徽道　　　　　　　　　　徽道

隔墙

窗　门　　窗　门　窗

徽道　　　　　徽道

南藏椁　　甬道　　　南藏椁

门道

墓道

0　　　　　5米

刘贺墓平面示意图

刘贺墓回廊形藏椁清理后场景

东藏椁盛放
食品的陶器
出土场景

徼道内漆盾出土场景

甬道内乐车出土场景

内棺盖漆绘鸟纹

东室器物出土场景

正藏椁东室为棺室，形成"西堂东寝"的布局。主棺位于正藏椁内东室的东北部，有内、外两重漆棺，棺盖较完整，侧面有4只龙形帷帐钩，此室可以与文献记载的"梓宫"相对应。外棺南北长约3.71米、东西宽约1.44米、残高0.46—0.96米，根据倒塌前端板和后挡板高度推测，主棺原高约1.36米。外棺盖上有漆画痕迹，放置3柄玉具剑。内棺盖上彩绘漆画，残存纺织品痕迹。西室陈设漆耳杯、漆盘、漆卮、漆碗、漆樽、漆勺、漆案、漆俎等饮食器具，另有漆瑟、漆琴、漆榻、漆衣镜、漆俑、漆量以及青铜博山炉、青铜熏炉、青铜五枝灯等物，说明刘贺下葬时将其作为前室这一重要的功能室，是仿效生人起居和宴飨及祭奠的"便坐"空间，即文献记载的"便房"。

走近海昏

西室漆衣镜匣出土场景

主棺由外棺和内棺组成双重套棺，保存基本完整，外髹黑漆，饰有青铜柿蒂纹铆钉；内髹红漆，内棺内底板上可见装饰花纹。由于椁室盖板倒塌产生的压力，主棺侧板和端板出现了严重变形、崩裂、粉碎或缺失。棺内遗存叠压情况严重，除了部分遗存散落棺外，多数遗存的位置没有发生移动，出土遗物丰富且较为完整，其中有相当数量的脆弱质遗物。如果在现场自然环境状态下进行常规考古发掘，难以有效控制环境变化，在短时间内无法对出土遗存进行有效处置和保护，可能致使遗

青铜柿蒂纹铆钉

存原始有效信息较快消失或在较短时间内发生断裂、损伤、缺失等现象。鉴于考古现场的遗存出土状况和环境条件，国家文物局派驻现场考古专家组决定将主棺整体套箱起取移至实验室进行考古发掘和处置保护。主棺吊装起取后，安全运输至设在墓园约1千米外的海昏侯墓文物保护工作用房。实验室考古操作间内配置了环境控制、移动航车、液压升降与液压移动等必要的设备以及部分适宜的便携式分析检测仪器，为正常的实验室考古发掘和处置保护工作提供了良好基础。

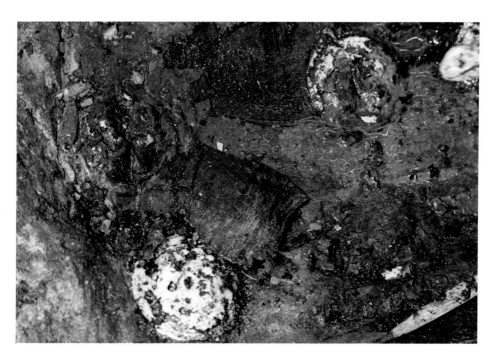

内棺内底板漆绘

外棺内遗存主要集中于头厢处。在长约70厘米、宽近50厘米的范围内，上层出土1件贴金神人异兽纹漆奁，漆奁下方出土了2件玉璧，其中1件放在特制的漆盒中。底层出土裹蹄金、麟趾金和钣金、饼金各1漆笥，其中包括5枚墨书"酎金"字样的饼金。

了解裹蹄金、
麟趾金的来历

走 近 海 昏

外棺头厢金币出土场景

由于椁室倒塌形成的巨大压力，内棺侧板和端板被压碎，散落于棺外周边。棺内所有遗存被压缩至厚约 5 厘米的空间内，多数遗存呈扁平状，形状出现扭曲，并且互相叠压。由于埋藏环境及水土内含有较高的酸性物质，墓主人遗骸除牙齿外全部朽坏。

主棺正射图

走　近　海　昏

内棺南端头厢部位出土 11 件漆奁、漆笥和 1 件青铜盒。

内棺内有墓主人遗骸痕迹，头南足北。内棺头厢北侧为墓主人头部，头部上方覆盖 1 件镶玉璧夹纻胎漆温明，表层放置 2 块玉璧。墓主颈、胸、腰、腹、裆等部位出土玉璧 15 块，呈"十"字形覆盖。

内棺第二层南端为墓主头部范围，覆盖于脸部的玉璧取出后，发现下方有保存良好墓主人的上下颌牙齿，口中含玉。墓主头部下方为镶玉漆枕，长约 50 厘米、宽约 18 厘米、高近 2 厘米，漆枕表面和侧面镶嵌 8 件玉饰，分别位于墓主头部下方、前侧面和左右两端，在木枕两端相互对称的位置上，侧立放置 8 块规格不一的乳丁纹玉璧和透雕玉环。墓主身体中部左侧出土 1 柄玛瑙具青铜剑，右侧出土 1 柄玉具铁剑；双手握玉管。墓主腰间、下腹及身体两侧，出土有多件玉质、玛瑙质、琥珀质和角质的小型饰件。其腰间右侧出土"刘贺"玉印、错金铁削、鞣形玉佩及 2 件水晶饰件，腹部有食物残迹。

玉具铁剑

走近海昏

漆温明

镶玉漆枕

琉璃席

饼金在内棺底板上放置场景

内棺第三层为金缕琉璃荐席，四周有包边，长198厘米、宽54厘米、厚约3厘米。其中包边宽约3厘米，包边底层为植物纤维织物，中间层由不规则与无规律的金箔片和红色彩绘互为镶嵌点缀，表面覆盖一层云母片。琉璃席由纵向32片、横向12片组成，每片长约6厘米、宽约4厘米，根据山东青岛土山屯 M_{147} 出土遣册，可知这种琉璃席当时称"玉席"。

内棺第四层遗存是一组饼金，纵向20枚、横向5枚，共100枚，每枚直径约6厘米、厚约1厘米，重量约250克。

棺床基本保存完整，由2根纵木、3根横木、4个木轮和表面铺设的木板组成，纵木和横木经榫卯结构连接，形成"日"字形框架，框架长372厘米、宽152厘米、厚26厘米。框架顶端有榫槽，用于棺床表面铺设木板的嵌入固定。纵木2根，置于棺床两侧，长372厘米、宽24厘米，厚26厘米，两端及中部有榫卯结构，纵木表面内侧有榫槽，用于拼接棺床表面木板，纵木两端底部的相对区域，分别掏挖出长方形孔洞，用于镶嵌木轮，当

漆殡车

龙形青铜挂钩

时称轪。木轪4个，直径31厘米、厚12厘米，轪体中间有一圆形孔洞，直径约5厘米，内置木质轴体。横木3根，分别置于棺床两端和中间，长152厘米、宽24厘米、厚26厘米，两端各有榫卯与纵木连接。这种棺床，特征与《仪礼》记载的輀车相近，即殡车，用于承托漆棺，由柩车运至墓地，推入圹中相应位置，随棺一同下葬，当年应装饰有帷荒，现存4只龙形青铜挂钩。床板长339厘米、宽103厘米、厚近6厘米，平铺于棺床框架之上，两端和中间均有横木支撑。棺床之上为棺底板，外棺底板长353厘米、宽103厘米、厚约7厘米，内棺底

走 近 海 昏

板长 271 厘米、宽 87 厘米、厚 5—10 厘米。

　　墓道末端为门，再进亦有一门，二门之间为长方形过廊，并与两侧回廊连在一起。该廊内放置乐车等，两侧廊放置偶车马，这与车马坑中的真车马不同，是陪葬品模型化的体现，反映出模仿现实生活的特征。整个南回廊的陪葬内容与二门有机结合，是对现实世界马厩的模仿，满足了死者灵魂地下出行及举行相应仪式的需求。回廊的设置和划分应与墓葬修建或埋葬时的规划有关，即尽可能多埋藏物品，并充分体现不同功用，可充分满足墓主在地下世界的饮食、穿衣、享乐等活动。回廊内的各室功能齐全，与现实生活关系密切，充分体现出墓葬形制宅第化、相关陪葬品生活化的特征，反映出"事死如事生"的丧葬思想，同时也折射出海昏侯国的机构及侯国宫室中

墓门

彩绘漆双辕偶乐车出土场景

相关设施的设置。墓室的主体构造有所简省，没有常见的前后室，而是左右室。墓主的葬具虽有棺有椁，但无西汉诸侯王陵常见的"黄肠题凑"。结合封土、回廊等，均体现出与墓主身份地位相符的特征，并不逾制。车马陪葬方面，与其他一些西汉列侯墓葬相似，刘贺墓乐车库及车马库内陪葬俑和偶车马，其中乐车马为三马双辕车，伴出有仪仗俑。

车马坑 1 座（K_1），位于主墓西部，为主墓的组成部分，东侧被主墓封土叠压。平面呈长方形，南北长 17.7 米、东西宽 4.24 米，面积约 80 平方米，坑口距地表深 2.5 米。坑北有一条不及坑底的斜坡道，长 2.08 米、宽 2.18 米。坑内木椁和加固木椁的柱子均已腐朽，仅留痕迹。从修建木椁时留下的熟土

走 近 海 昏

外藏坑车马器出土场景

外藏坑正射图

二层台和二层台上残存的椁顶板痕迹判断，椁室高约 1 米。坑内有木质彩绘车 5 辆。马车下葬时经过拆卸，被拆卸下的车马器用彩绘漆笥分装，放置在坑内西南处椁底板上。坑内有宰杀后放入的马，骨架已腐朽，仅存痕迹。车马坑内出土 4541 件车马饰件，其中车軎、笠毂、盖弓帽、釭、承弓器、轭饰、衡末饰和軏之类车器 1987 件，当卢、马珂、带扣、节约、管饰、镳、马衔之类马器 2554 件。这些铜、银、铁质车马器种类齐全，式样多变，采用错金银、鎏金、鎏金银合金、双色鎏金等装饰手法，制作工艺精湛。

走近海昏

　　祔葬墓7座（M₃—M₉），M₃、M₄和M₇—M₉位于刘贺墓园东部道路的南北两侧，M₅、M₆位于刘贺墓北部。除M₇坐东朝西外，余皆坐北朝南。其中M₃、M₄位于刘贺墓东北，刘充国墓位于刘贺墓正北，M₆位于M₁西北，M₈、M₉位于M₁正东，M₇位于M₁东南。已发掘3座（M₃—M₅），平面均呈"甲"字形，封土周围有排水沟，封土下有夯土基座。原封土范围以排水沟为界，夯土基座经两次修建而成，分别在修建墓葬过程中和墓主下葬后起封土前。

M₃，方向 170 度，封土残高约 0.5 米，墓前有祠堂建筑遗迹。墓室南北长约 4.5 米、东西宽约 3.5 米、深约 3.3 米，斜坡墓道南北长约 5.7 米、东西宽约 1.5—2.3 米，总面积约 29 平方米。墓内棺椁已腐朽，仅存痕迹。出土青铜器、陶器等各类文物 30 余件。

三号墓考古场景

三号墓出土陶簋

四号墓出土陶罐

　　M_4，方向170度，封土残高约1.5米，墓前有祠堂建筑遗迹。基址平面呈"凹"字形，东、西两侧中部分别有一个方形夯土基础，东西长7.9米、南北宽4.95米，面积约39平方

米。墓室平面呈正方形，墓内有一棺一椁，墓室长约4.83米、宽3.97米、深5米，斜坡墓道南北长5.35米、东西宽2.2米，总面积约31平方米。出土青铜器、陶器等各类文物30余件。

M5，方向184度，封土残高约3米，墓前有回廊形地面建筑遗迹，结构规整，打破墓道填土。主体夯土基址呈"凹"字形，外围分布方形夯土基础，东西长12米、南北宽9米，面积为108平方米。墓室长6.16米、宽5.54米、深6米，斜坡墓道南北长12.67米、东西宽2.96—4.7米，总面积约93平方米。墓内有一棺一椁，出土青铜器、金银器、玉石器、玳瑁器、漆木

刘充国墓内棺实验室考古场景

刘充国墓考古场景

器、铁器和陶器等各类文物 200 多件，以及五铢钱 1 串，其中"刘充国印"龟纽银印的出土，确证墓主为刘贺长子刘充国，尤其是出土当时仅诸侯王才能拥有的裹蹄金 2 枚，这在西汉列侯嗣子墓中尚属首次。

刘充国墓内棺出土肉红石髓带钩

　　刘充国墓与刘贺墓在同一条中轴线上，一北一南，这种布局和马王堆一号、三号墓之间的平面关系类似。刘充国墓东西两侧各有一座带墓前祠堂的甲字形墓，按左昭右穆原则，M_6当为刘贺儿子刘奉亲墓，M_4属于他的某位弟弟，因此刘贺墓园家族墓地的特征鲜明。

　　西汉时期高等级贵族的埋葬设施，主要有帝陵、诸侯王陵和列侯墓3种。帝陵考古，迄今仍限于陵园等地上建筑遗存以及部分地下埋葬设施的勘探和发掘，陵墓主体尚未开展系统的考古工作，但诸侯王陵和列侯墓却有相当数量的考古发掘和研究，初步揭示了当时王侯陵墓的面貌和内涵。

　　诸侯王陵是仅次于帝陵的大型埋葬设施。迄今为止，经过考古勘探、清理或发掘的西汉诸侯王及王后陵58座，分属于21个王国，其中大多经过盗扰，保存信息多不完整，其具体年

走 近 海 昏

代和墓主人难以准确断定。尽管如此，基于众多考古发现和学术界结合文献记载的长期研究，大体明确了西汉诸侯王陵的陵墓制度，一般来说，都有夯土园墙、门、寝和祠堂等礼制性建筑、封土（横穴崖洞墓除外）以及道路、排水系统等构成的陵园，陵园内有若干陪葬墓，有的有陪葬坑。盱眙大云山江都易王陵，陵园平面近正方形，周长1960米，四面筑有夯土墙垣，陵园内发现有道路和排水设施，陵园东侧有宽45米的司马道。

徐州小龟山楚王陵甬道

陵园内的北部，有 11 座陪葬墓；在陵园外的东侧，发现 2 座陪葬墓。

墓葬结构和形制大致可以分为竖穴土石坑墓和横穴崖洞墓两大类，其中，前者根据墓室和棺椁的差异又可分为竖穴木椁墓、竖穴"黄肠题凑"墓和竖穴石室墓数种。实际上，墓葬形制和结构上的差异，反映出一定的时代性、地域性；木椁墓和"黄肠题凑"墓都属于木构椁室墓，只不过两者的结构和构筑方法有所不同，但这种不同具有明显的等级差异。车马陪葬是有别于其他高等级贵族墓的主要特证之一。

西汉列侯墓是仅次于诸侯王陵的高等级墓葬。据统计，迄今经过考古发掘的西汉列侯墓 20 余座，属于 16 家列侯。除西汉麒麟阁十一功臣排行第二、西安凤栖源富平敬侯张安世墓和刘贺墓之外，西汉列侯墓的考古大多集中于墓葬主体部分的发掘，地上墓园建筑等遗存的材料比较缺乏，使得我们对西汉列侯墓的认识不够系统。列侯墓园的地上建筑有祠堂类建筑、祔葬墓和封土等。与刘贺墓同属汉宣帝时期的张安世墓园，东西长约 195 米、南北宽约 159 米，周长约 708 米，四周以兆沟为界，兆沟长宽各不相同，且互不连通，但又能起到标识墓园范围的作用。墓园中心为张安世墓（M_8），坐南朝北，"甲"字形竖穴墓，其东西两侧各有 3 个陪葬坑；张安世墓东侧是其夫人墓（M_{25}）；墓园东部有平面近方形的祠堂建筑基址，边长 19 米，可与《汉书》记载的"起冢祠堂"相印证，实证了西汉列侯墓旁确有祠堂类祭祀建筑。墓园的东、西、北侧分布有 12 座袝葬墓。

刘贺墓园在平面布局和结构上与大云山江都易王陵陵园近似，但规模要小得多，并且其形制也没有后者方正，显示出明显的等级差别。它的规模与张安世墓园近似，比后者要完善和规整，并且有四周围合的墙垣以及门阙，显示出它们虽然都属于列侯等级，但比后者更为完善。园墙根据需要设门，修建双出门阙，门内有礼制建筑及真车马陪葬坑、部分陪葬墓墓道前修建祠堂等，配套设施亦多样，在其他西汉列侯墓地中基本不见。因此，刘贺墓园自身特点较为突出，是迄今考古发现的布局最完整、结构最清晰的西汉列侯墓园，对全面研究西汉列侯的丧葬制度有重要价值，同时也为一些西汉列侯墓葬的确认提供了新的视角。

刘贺墓前有寝类建筑基址和祠堂类建筑以及园寺吏舍类建筑基址，M_4、M_5、M_{63}座袝葬墓前，也有祠堂类建筑。祠堂位于南侧，与西安地区西汉列侯墓发现的祠堂遗迹多位于东部不同。刘贺墓园的祭祀设施虽然体量不大，但种类齐全，是迄今所见祭祀设施最完备的西汉列侯墓园。

刘贺墓园内共有 7 座袝葬墓，分布在刘贺墓以东和以北的墓园内。这不仅是考古确认的西汉列侯墓园有袝葬墓的又一个实例，而且是袝葬墓和主墓均分布在墓园内的第一个实例。这种袝葬墓分布在主墓附近并在墓园内的格局，与张安世墓园明显不同，但与大云山江都易王陵多有近似之处。

陪葬坑作为墓葬的外藏椁系统，是西汉王侯陵墓的重要构

刘贺墓封土

成要素，并且埋葬物多样，内涵复杂，尤其是墓葬类型为竖穴土石圹木椁墓的情况下，陪葬坑更是发达。譬如，山东临淄大武齐王陵周围有 5 座陪葬坑，江苏徐州狮子山楚王陵外有 5 座陪葬坑。列侯墓使用陪葬坑的情况则较为少见，刘贺墓的西北侧，设有一处长方形车马陪葬坑。就陪葬坑的使用来说，符合西汉列侯的葬制，但是，陪葬坑中埋葬实用真车马，且多达 5 辆，是王侯出行的最高等级，应为刘贺做昌邑王时出行所用，显然与一般的列侯墓有别，更远远超出了墓主人刘贺死时的身份。对比来看，西汉异姓列侯墓葬不见车马陪葬，而许多刘姓列侯墓则常见，且多与刘贺墓墓内相似，基本为偶车马。

封土又称"坟丘"，为西汉王侯陵墓所必备（有些横穴式崖洞墓除外），其大小和高低与墓主人身份直接相关。关于西汉诸侯王陵封土的高度，当时文献无明确记载，但据《周礼·春官·冢人》郑注："汉律曰列侯坟高四丈，关内侯以下至庶人各有差"。汉尺4丈，约合今9.24米。大武齐王陵，封土高达24米。刘贺墓的封土呈覆斗形，下面还有方形的夯土基座，残高约7米（约合汉尺3丈），在西汉列侯墓坟高4丈的规定范围以内，没有僭越，但其形状与常见的圆形或椭圆形有别，而与西汉帝陵的覆斗形相同，耐人寻味。

墓室作为墓葬的主体部分，其形制、结构、规模大小等，与墓主人的身份地位直接相关。考古发现表明，西汉列侯墓多数为带一条墓道的"甲"字形竖穴土石圹木椁墓，刘贺墓属于此类。刘贺墓是迄今所见西汉列侯墓中设计最为严密、结构最为复杂、布局和功能最为清晰的木构椁室，总体上看与以往发现的西汉列侯墓椁室相似，属于列侯葬制无疑，但是，其平面布局和结构又与西汉诸侯王陵中"黄肠题凑"椁室的布局相似，平面形制与"黄肠题凑"墓题凑墙以内部分基本相同，如椁室中央设正藏椁，正藏椁分隔出东西室，两室之间有门相通，南墙辟有门窗，东室为棺室，形成西堂东寝的格局，居室（房）化特征明显，以与外围的回廊形藏椁（箱）相区别，只不过正藏椁四壁的构筑方式采用的是枋木和木板竖向构筑而不是枋木横向题凑。刘贺墓木椁结构采用了列侯墓的棺椁制度，但

主棺柩

刘贺墓木椁俯视图

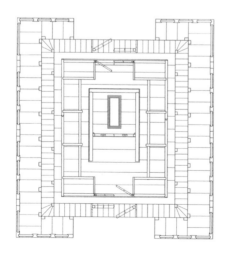

江都易王陵木椁
结构示意图

走 近 海 昏

又带有某些王陵的影子，与刘氏诸侯王陵相比，除缺少诸侯王才能享用的一圈"黄肠题凑"墙和北面一条斜坡墓道外，几乎相同，但面积更大，刘贺墓木椁面积约 265.7 平方米，在目前已发掘的西汉王侯墓中比较突出，比如，江都易王刘非陵，木椁面积 208.5 平方米；广陵厉王刘胥陵，木椁面积 221 平方米；广阳顷王刘建陵，木椁面积 260 平方米；富平敬侯张安世墓，木椁面积 108 平方米；等等。

西汉时期在"事死如事生"的观念下，王侯陵墓的随葬品不仅种类多、数量大，而且不乏珍稀、精美之物，成为墓主人生前身份和地位的重要标识。西汉列侯墓的随葬品也很丰富，但与王陵相比，大型铜器、通体鎏金铜器和大型玉器较少，金银器也主要是一些小件饰品，刘贺墓的情景却完全不同，随葬品不仅数量多，而且多大型器、多精美之器，带有鲜明的诸侯王陵特点和气派。刘贺墓出土文物，其种类之多、数量之大、品质之精美，为迄今西汉列侯墓考古所仅见，尤其是 500 余万枚五铢钱、478 枚饼金、褭蹄金、麟趾金和钣金等的随葬，更是超出迄今所见任何一座西汉王侯陵墓，这些殉葬品中绝大部分是刘贺生前所拥有。西汉列侯墓中，礼乐器是不可缺少的陪葬内容，体现出墓主地位的同时也为一些墓葬的性质判断提供了必要参考。若无特殊情况，刘姓列侯墓葬中的礼乐器在数量、种类、质量等方面均较异姓列侯墓稍高。西汉列侯墓礼乐器以明器居多，反映了丧葬的需求及葬制的演变。刘贺墓出土礼乐器数量多，且为实用器，被成套葬于墓内，较为特殊或少

《悼亡赋》竹简之七

《悼亡赋》竹简之二十四

见，与其他西汉列侯墓乃至于诸侯王陵有明显差别。

　　刘贺墓殉葬品多，与他死后海昏侯国被废除有关，更与他的特殊身份直接相关。与刘贺作为诸侯王身份有关的物品，是上官皇太后的恩赐，刘贺可以使用，子孙却不可以继承，在造墓时，已为这部分东西规划了空间。与刘贺作为列侯身份有关的物品，原本可以由第二代海昏侯继承，不一定要殉葬。但是，由于刘贺死后，汉宣帝下诏，废除海昏侯国。侯国被废，刘贺家人沦落为庶民，侯国宫室内的物品相当一部分与列侯身份地位相关，或列侯生前可用，但侯国其他成员（含刘贺的子嗣）因侯国被废不能使用，因此促成大量物品被埋入符合列侯之制的刘贺墓。主要表现在：陪葬坑中 5 辆实用真车马随葬；墓圹内用枋木整体构筑方形木椁，木椁中央构筑正藏椁，正藏椁外围四周用木板分隔成 12 个回廊形藏椁，正藏椁内又用木板分隔出起居室与棺室的椁室结构；随葬 3 堵实用编钟、编磬；等等。墓中出土《悼亡赋》竹简之二十四“厚费数百万兮治冡广大长缋锦周圹中兮组璧饬庐堂”；竹简之七“璧玉陈一旁厚赐十袭衣兮”记录了该墓营建及随葬品的有关情况，这些可以与出土文物互证。

　　从西汉王侯陵墓的丧葬制度来看，刘贺墓园结构、形制、大小、寝、祠堂等祭祀设施，袝葬墓、墓外陪葬坑的设置，封土及其大小，墓室形制、结构及规模大小，棺椁结构及其大小等，都表现出列侯墓的特证，是一座典型的列侯墓，也是一座要素完备的列侯墓园。同时，刘贺墓墓内结构和设施，尤其是随葬品种类和数量等方面又具有诸多自身特点，折射出统一中的特殊性，在某些方面超出了一般列侯墓的规格，具有诸侯王陵的气势，集列侯墓、诸侯王陵气势于一体，构成了刘贺墓的多重性格和总体特征，刘贺墓是一座具有诸侯王陵气派的西汉列侯墓。

刘贺死时虽然只是一个除了国的千户小侯，但他的墓园工程浩大，规制宏伟，气派豪华，是我国迄今发现结构最完整、功能布局最清晰、保存最完好，拥有最完备祭祀体系的西汉列侯墓园，对于复原西汉列侯葬制和园寝制度价值巨大，在我国考古学史上尚属首次。刘贺墓前建有用于祭祀的寝便殿，这种建筑目前仅见于汉代帝陵和河南永城梁王陵园，在列侯墓园中

祠堂岗墓园一号墓

属于首次。墓园内多座祔葬墓有祠堂建筑，也是西汉列侯墓园考古的首次发现，具有重大研究价值。刘贺墓设计严密、制作考究的大型木椁，是江西地区保存最为完整、体量最大的西汉单体木构建筑，大体反映了西汉中后期当地的木作技术。刘贺墓是我国长江以南地区发现的唯一一座带有真车马陪葬坑的汉墓，该墓本体规模宏大，椁室设计严密、结构复杂、功能清晰明确，对于研究西汉列侯等级葬制具有重大意义；出土5万余件（套）珍贵文物，既是西汉昌邑王国、海昏侯国生活器用和精神文化面貌的反映，又是汉武盛世和昭宣中兴这一历史时段的重要物证，形象再现了西汉时期高等级贵族的生活，对于深化汉文化的认识提供了珍贵的实物资料。

经考古调查勘探，墩墩山刘贺墓园附近星罗棋布的小山岗上有18处汉代墓葬区，古墓众多，分布面积约1.4平方千米，其中花骨墩、祠堂岗、苏家山均有大型墓葬分布，可能为历代海昏侯的墓园。祠堂岗墓园位于墩墩山东北方的土岗上，山下有小溪环绕，墓园内发现汉墓12座，其中一号墓面积约250平方米，周围以夯土墙围护。花骨墩墓园位于祠堂岗东北方的土岗上，发现房基4座，汉墓25座，大墓外有陪葬坑。苏家山东汉墓园，有规划地依山而建有高2—8米不等的园墙，墙基宽12—20米，墙顶残宽1—6米，探明汉代后期墓葬45座，面积约100000平方米。

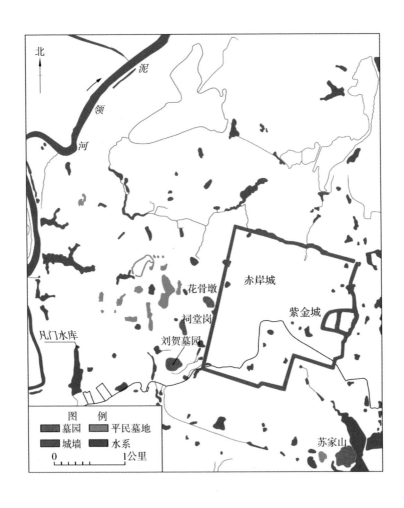

北

泥

领

河

凡门水库

花骨墩

赤岸城

祠堂岗

紫金城

刘贺墓园

<table>
<tr><td colspan="2">图　　例</td></tr>
<tr><td>墓园</td><td>平民墓地</td></tr>
<tr><td>城墙</td><td>水系</td></tr>
</table>

0　　　　　　　　1公里

苏家山

海昏侯国城址墓葬分布示意图

走　近　海　昏

3

海昏国都紫金城

　　江西地方文献记载的昌邑城，在古代新建县城西北 30 千米，顺着赣江水道往北，水路 68.5 千米。1960 年第一次全国文物普查时在新建县境内赣江西支东西两岸发现了铁河赤岸城址、紫金城址、舒家山城址和昌邑游塘城址 4 座汉代城址，均有可能与昌邑城有关。1982 年第二次全国文物普查时对上述城址进行了确认，1987 年江西省人民政府公布铁河古墓城为省级文物保护单位。昌邑游塘村南游塘城址西邻赣江西支，现存土城略

昌邑游塘城址内的土岗

呈长方形，长 600 米，宽 400 米，面积约 24 万平方米，城中央有一高而平坦的土堆，当地村民称之为刘贺的宫殿。南城墙现已改作防洪圩堤，西城墙较低，东城墙和北城墙保存较好，夯土城墙残高约 10 米，底部宽约 12 米，设有 4 个城门，城内汉砖汉瓦随处可见，城内外也曾采集到汉代文物。该城址规模与刘贺食邑 4000 户的县侯身份相称，也与南方汉代县一级城邑规模大体相近，位置靠近昌邑山，与地方文献记载的昌邑城、昌邑山之间位置关系大体相符，当地民间传说把该城与刘贺王城关联起来，种种迹象表明，游塘城可能是刘贺初封豫章郡的城邑。紫金城位于铁河垦殖场铁河南面的陶家山，直径约 300 米，宽约 250 米，方圆 7.5 万平方米，四周有高大的夯土城墙，残高约 3—5 米，四面城墙尚存 4 个缺口，应是城门遗存。依据城内采集的陶片器型、纹饰，大致可以断定城内堆积时间从战国晚期到东汉时期。赤岸城址在铁河垦殖场以西，土城南北宽 3000 米，东西长 2000 米，面积 600 万平方米。东城墙与紫金城共用，城外有护城河。舒家山城址分布在一座孤突的小山上，有夯土城墙围绕，城内墓地呈四级梯形排列，第一层地势最低，墓封土最小，有墓约 50 座。第二层地势稍高，第三层居中，墓封土堆较大，底径超过 30 米的有 5 座。第四层最高处

汉晋鄡阳城址，从城内眺望海昏侯国

山东巨野汉昌邑故城址

有 3 座墓，封土堆底径达 50 米以上。

2011 年刘贺墓发现后，为了弄清周边文化遗存分布情况，根据专家建议，报请国家文物局批准，江西省文物考古研究所专业人员在周边 5 平方千米范围内进行了全面、系统的考古调查勘探，对城址和墓地分布有了较为清晰的认识。经重点调查勘探，赤岸城址长约 2037 米、宽约 1759 米，周长约 7600 米，面积约 358 万平方米，比 1982 年文物普查时确认的 600 万平方米小很多。这一规模也远远超出了海昏侯国食邑 4000 户这个县侯所能征调徭役的能力，对于只能食封国租税、不能直接治民且被朝廷严密监视的西汉后期列侯来说，既没有必要、也没有能力修建如此规模的城池；其规模远比目前所发现的西汉县城大，比很多诸侯王城也要大，例如，江西大余县城东北约 35 千米、池江镇长江村章江南岸寨上汉代南野城址东西宽近 105 米、南北长约 160 米，面积约 10 万平方米；江西泰和县汉代白口城址周长 1941 米，面积约 23 万平方米；江西樟树市吴平汉晋城址面积约 50 万平方米；江西都昌县汉晋鄡阳城址面积约 100 万平方米；刘贺的昌邑国王城汉昌邑故城址周长约 5900 米，面积约 200 万平方米；江都国王城汉代东阳城址周长约 6400 米，面积 252 万平方米；紧邻豫章郡的长沙国汉临湘城址周长约 4400 米；闽越国王城城村汉代城址周长 2869 米，面积约 48 万平方米；等等。因此，赤岸城作为海昏侯国都城的可能性极小，遗存性质有待今后考古发掘工作探明。舒家山当地村民称为苏家山，实际上是一处环绕夯土围墙的汉代墓园，因此舒家山城址应改名为苏家山墓园。

紫金城由东、西 2 座小城构成。东城近梯形。北城墙长约 224 米，顶部宽 5—9.5 米，底部宽 11—18 米，残高 2—3.8 米。东城墙长约 360 米，顶部宽 3—18 米，底部宽 8—18 米，残高 0.7—5 米。南城墙长约 166 米，顶部宽 3—9 米，底部宽 8.3—19.2 米，残高 1—5 米。西城墙长约 281 米，顶部宽 4—5 米，底部宽 8—18 米，残高 1—4.5 米。北、西、南三面城墙外残存宽 2—5 米不等的护城河。四面城墙尚存 5 个缺口，可能是城门遗存。全国第一、二次文物普查时发现的紫金城实质上是紫金城的东城部分。此次调查勘探的主要收获是发现了西城。西城紧邻东城西侧护城河，依地势而建，形状不规整，北、西、南三面城墙围合，长度分别为 149 米、204 米、152 米，东面借用东、西城墙和护城河发挥围合、防护作用，北、西、南三面也有护城河与东城西侧护城河联通，表明西城是后期扩建的附属城区。东城内发现建筑基址 2 处，以及大量砖瓦残片、

紫金城东城墙一角　　　　　　　　　　　　紫金城东城门遗存

石块和陶片。根据城址面积和发现的砖瓦残片、房基，结合周边遗存分布和相关文献记载，基本可以确认面积约 14 万平方米的紫金城址为汉代海昏侯国都城，这里可能是海昏侯国第一次除国后，沦为庶民的刘贺家人从游塘城迁出，定居在刘贺墓地附近，便于守墓和四时祭祀。汉元帝复封海昏侯国，史书中没有明言食邑数量，估计不会超过刘贺海昏侯国后期的 1000 户这一规模，千户小侯，也没有太大能力征调徭役兴建大的城邑，在住地就地扩建是比较可能的选项，从此，紫金城成为汉代后期海昏侯国的新都城。

　　以紫金城城址、历代海昏侯墓园、贵族和平民墓地等为代表的海昏侯国一系列重要遗存，共同构成了一个完整的大遗址单元，这是我国目前发现的面积最大、保存最好、内涵最丰富的汉代侯国聚落遗址，是重要的历史文化遗产，具有重大展示利用和科学研究价值，是海昏侯国遗址博物馆展览体系的重要组成部分。

揭秘海昏
一扇窗

西汉时期关于江西的文献记载只有只言片语，有关海昏县、海昏侯国的记载更是寥寥数语，有关刘贺墓的情况，也只能在地方文献中发现一鳞半爪。刘贺墓的发现，揭开了海昏侯国的神秘面纱，揭秘了尘封千年的往事，大大丰富了海昏侯国历史的文化内涵，刷新了人们对于汉代海昏县、海昏侯国、海昏侯刘贺、豫章郡乃至西汉中后期历史的认知，为我们廓清重重历史谜雾打开了一扇窗，也使得历史上倍受争议的刘贺、神秘的海昏再一次回到人们的视线，迅速形成海昏侯热。

海昏侯国遗址博物馆展示体系由海昏侯国历史文化室内综合展示

馆和刘贺墓遗迹展示馆、刘贺墓园、祠堂岗墓园、花骨墩墓园、苏家山墓园、紫金城城址为核心的文物遗迹原址展示以及周边的山水田园为空间依托的农业景观、生态景观等户外风貌组成，现代化场馆与考古遗址、室内精致展览与室外传统田园景观、历史文化与考古遗迹，富有特色的展览语言在海昏大地交响和鸣。综合展示馆以遗址出土文物展示为中心，包括基本陈列《金色海昏——汉代海昏侯国历史与文化展》，专题展览《书香海昏——汉代海昏侯国简牍文化展》《丹漆海昏——汉代海昏侯国漆器文化展》《遇见海昏——汉文化体验互动展》以及临时交流展。

走 近 海 昏

刘贺墓园

金色海昏
—— 汉代海昏侯国历史与文化展

　　《金色海昏》展以"金色"为主题，源于刘贺墓中出土褭蹄金、麟趾金、饼金和钣金共480件，总重量约115千克，是我国汉墓考古史上保存最完整、种类最全、数量最多的一次发现，超过了此前历次出土汉代金器的总和，不仅展现了刘贺堆金积玉的财富，同时印证了西汉是我国历史上一个名副其实的多金王朝，"金色"也是刘贺墓出土文物受到社会公众热议的话题。

　　《金色海昏》展总面积约4800平方米，其中序厅1200平方米，主展厅3600平方米，展线670米。刘贺墓考古发掘以来，在南昌、北京、深圳、巨野（昌邑故地）等地举办了5次临时展览，从公众考古角度来看，获得了巨大成功，大大提升了海昏品牌的影响力。作为一个新成立的遗址博物馆，考古资料尚在整理之中，文物保护修复仍在进行中，文物研究刚刚起步，在这样一个博物馆举办基本陈列，既要依托考古发现，又不能局限于考古，既要讲好考古故事，又要为未来考古遗址公园建设过程中的考古新发现留白，因此展览必须融合好考古叙事与历史文化叙事两种方式。我们深挖文物背后的故事，选择历史文化的视角，以小见大，把海昏侯国放进刘贺时代的江西、汉代中国与世界大背景下述说海昏故事，围绕大汉历史、尤其是汉武盛世到昭宣中兴这一重要历史时段，以文物说话，以物证史，透物见人，精选1200余件能体现刘贺墓考古发掘、文物保护、文化研究成果的特色文物，展现汉代的制度、礼仪、风尚以及南方开发、中外文化交流，为观众展示了自信、包容与豁达的古代中国。这种安排，今后文物修复有新成果、文物研究有新收获，海昏侯国范围内考古有新发现，都可以随时嵌入展线，在不对展览框架做大调整的情况下，实现常展常新。

穿过博物馆古铜色的大门，来到序厅，映入眼帘的是由中国雕塑大师吴为山先生创作的青铜圆雕《少年天子刘贺》和天津美院师生创作的铜浮雕《海昏晨曦》。巨幅浮雕以"大汉海昏"为主题，长66米、高9米，采用紫铜铸造，借鉴汉画像石的表现手法，采用近、中、远景的设计，按观众走进展厅的视觉顺序，分上、中、下三个层次，从上至下分别为线刻、浅浮雕和高浮雕，近景为海昏侯国的市井百态，中景为刘贺的王侯生活，远景为海昏侯国的山水江湖，描绘出山灵水秀、生活富足、王侯奢华的侯国气象。

　　展览分《豫章海昏》《王侯威仪》和《儒风南阜》三个部分。叙事上，以一个人（刘贺）、一座墓（刘贺墓）、一座城（紫金城）为切入点，再现一个消失的侯国（海昏侯国），以海昏侯国历史文化为主线，以物言史，反映世界大背景下的大汉盛世。设计上，注重内容的科学性、知识性、故事性和趣味性，语言生动活泼、通俗易懂，展示手法灵活多变，展览结构与布局协调、流畅，以满足观众的文化消费需求。为了烘托展

金色海昏展厅入口

序厅铜雕

览主题，色调随三个部分的内容而变化，《豫章海昏》部分述说海昏侯国、海昏王都、海昏侯墓、海昏侯家，选用汉代城墙、墓园夯土"黄"色示意建都造墓。《王侯威仪》部分述说汉代王侯车马出行、盛妆佩剑、钟鸣鼎食、堆金积玉、焚香博戏、雅玩好古的奢华生活，以刘贺墓漆器主色调"红"与"黑"来表现王侯生活时尚。《儒风南阜》部分述说分封海昏侯国后，中原先进文化的传播对当地思想文化、社会进步带来的影响，提取

金车、鼓车复原场景

孔子徒人图漆衣镜的赭石色来突出海昏历史文化的厚重。色调变换给观众创造出别具一格的观展体验，对内容的精准解读与凝练，概念化表达出展览主旨。

简约大气的空间布局是展览大格局的体现，采用丝网印刷替代传统展板，为展厅营造更开阔的视野感官。展览第二部分入口打造长约 25 米的王侯出行仪仗场景，仿制两辆具有导车性质的金车和鼓车左右陈列，为观众重现刘贺"甲"字形墓葬的甬道结构，从而开启墓室内各椁室和陪葬车马坑精美文物的探秘之旅。

品质高端的展柜设计不仅体现在所有展柜均能独立控制温

金色海昏展厅一角

湿度，还体现在对展柜功能的二次创新。将透明 OLED 显示屏安装在独立柜上，直观展示青铜蒸煮器的使用原理，避免了展板展示的固态化，也减少了观众需要用手机或导览机来观看的繁琐程序，以隐藏镶嵌的形式与独立柜其中一面玻璃达到合为一

透明 OLED 展项

体的效果，在实现全方位欣赏文物的同时，还兼顾了独立柜的美观性。透明 OLED 是一种自发光显示技术，不到 1 毫米的屏体厚度可以附着在展柜玻璃上，让展柜在不影响观看文物本体的透明状态下，实现显示、触摸交互和 AR 联动等功能，真正做到了文物、信息与观众，在空间中的完美融合和互动，当时在全国尚属独创。

《豫章海昏》部分选取"刘贺"玉印、"海"青铜印、刘贺夫妇上书木牍、"昌邑籍田"青铜鼎、"昌邑食官"青铜锺等文物，配合图表、触摸屏互动游戏、纪录片《发现海昏侯》、裸眼 3D 影片《紫金城》、动画影片《刘贺墓》等形式，向观众介绍了"汉豫章郡—海昏侯国—刘贺世家"的历史背景，如同一幅清晰明了的海昏侯国画卷在观众眼前徐徐展开。《豫章海昏》由"汉豫章郡""海昏侯国"和"刘贺世家"三个单元组成。第一单元反映在世界大背景下西汉王朝实行郡国并行制度，在豫章立郡和海昏设县。第二单元展现海昏侯国的建立及第一代海昏侯刘贺在此建都筑墓的历史史实。第三单元通过对四代海昏侯的介绍，让观众了解海昏侯国有记载的 168 年历史，回味第一代海昏侯刘贺历经"王—帝—故王—侯"的传奇人生。

"海"青铜印

"刘充国印"
龟纽银印

"刘贺"玉印

青玉圭

"大刘记印"
龟纽白玉印

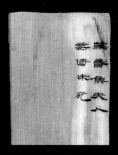
"海昏侯夫人"木牍

"刘贺"螭纽白玉印

鎏金镶玉龙首青铜四足匜

"昌邑食官"青铜锺

"昌邑食官"青铜鋗

《王侯威仪》部分选取青铜编钟、青铜镯、羱羊纹银马珂、鎏金青铜博山炉、雁鱼青铜釭灯、玉剑饰、釦银贴金神人异兽纹漆笥、"日光清白"铜镜、螭龙纹韘形白玉佩、熊形石嵌饰、褭蹄金、麟趾金、《六博棋谱》竹简、西周"子畯"凤鸟纹提梁青铜卣等文物，加上线绘动画等多媒体形式和文物模型、场景复原等辅助展品，展现汉代王侯生活情调的同时，呈现西汉政治、经济、文化等方面的成就，使观众身临其境地感受大汉的雍容气度。《王侯威仪》由"车辚马啸""礼乐宴飨""衣装盛饰""堆金聚币"和"闲情雅趣"五个单元组成。第一单元"车辚马啸"展示我国长江以南地区首次发现的真车马陪葬坑和首

"宫"青铜甬钟

青铜镯

次发现的金车、鼓车，再现皇室贵胄的出行仪仗。第二单元"礼乐宴飨"集中展示了汉代钟鸣鼎食的场景，反映出西汉时期器不厌美、食不厌精的饮食文化和礼乐文化。第三单元"衣妆盛饰"通过刘贺墓园出土的妆具、玉珠饰、玉剑饰，讲述当时的梳妆敛容、衣佩华美的时尚和中外文化交流的史实。第四单元"堆金聚币"以"刘贺家的钱库"为概念，透过刘贺墓出土的大量金币、五铢钱，反映当时的货币制度。第五单元"闲情雅趣"展出文房、养生、雅玩类文物，体现当时贵族好古赏珍、追求风雅意趣的生活时尚。

鎏金龙纹青铜纽钟

羱羊纹银马珂

鎏银特角形青铜当卢

鎏金青铜博山炉

西周『子畯』凤鸟纹提梁青铜卣

"日光清白"铜镜

螭龙纹韘形白玉佩

漆围棋盘局部

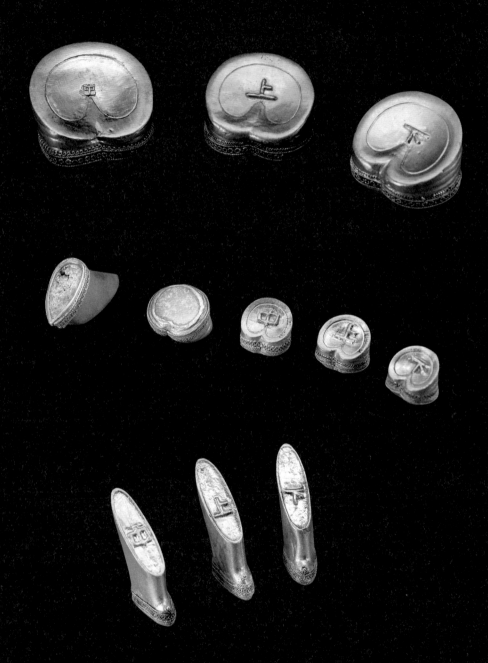

裹蹏金、麟趾金

釦银贴金神人异兽纹漆笥

五铢钱套箱展示

《儒风南阜》展厅一角

走 近 海 昏

巧笑倩兮美目盼兮素以為絢兮

　　《儒风南阜》部分选取孔子徒人图漆衣镜镜匣和《齐论语》竹简、《孝经》竹简等有关儒家经典的竹简，采取文物、图表、照片等方式展现汉武帝实施"罢黜百家、表彰六经"国策后，以孔子为代表的儒家逐渐成为正统思想，折射出汉代中原思想文化在海昏侯国传播的情况，显示分封海昏侯国对豫章郡社会文化发展所产生的积极作用。

孔子徒人图漆衣镜镜匣

青铜方镜，镶嵌在衣镜匣内

走近海昏

在《金色海昏》展览中，文物作为文化载体，不仅是年代、质地等信息的提示，更是西汉鼎盛时期的文明缩影；展品说明用通俗易懂的语言、灵活多变的方式全方位向观众传递相关文物信息。"礼乐宴飨"单元以文物构造情境，复原2个场景，展示汉代钟鸣鼎食的宫廷奢华。展览精选鎏金青铜五连枝灯、雁鱼青铜釭灯、鎏金鹿形青铜镇、鎏金青铜熏炉、鎏金青铜壶、青铜染炉等生活用具融入汉人席地分餐的饮食文化中；另一侧则还原展示刘贺墓2堵编钟、1堵编磬组成的轩悬之乐，辅之以漆琴、瑟和伎乐俑所组成的海昏侯家歌舞乐队，形象再现了西汉王侯的礼乐文化。

《金色海昏》
360°全景展示

雁鱼青铜釭灯

《金色海昏》展览活化藏品优势、强化时代特色，充分利用研究成果与高科技手法，用通俗化语言提升观展效果，以场景化形式提升艺术效果，使得展品与展示环境充分融合，让观众轻松参与到学习、欣赏过程中，帮助观众从不同的维度、视角认知汉文化，体味先民的智慧，感受中华文明的辉煌。

青铜染炉

鎏金神兽形青铜镇

宴飨场景复原展示

轩悬礼乐场景复原展示

丹漆海昏

—— 汉代海昏侯国漆器文化展

　　漆器是秦汉时代从物质到精神层面发生社会变革最重要的物质载体，是西汉生产形态、生活方式、社会时尚、审美趣味、思想观念、信仰习俗和时代精神的集中体现。西汉漆器，不仅设计巧妙，造型美观，用料考究，工艺精致，色彩鲜艳，纹样绚丽，而且产品标准化程度高，向生活化、世俗化、商品化方向发展，应用于社会生活的诸多方面，使用漆器是为了方便生活、享受生活，更是优雅生活品味的体现。展览分《丹漆流韵》《海昏漆华》《漆艺天工》三个部分。

　　我国是世界漆工艺的发祥地，早在距今 7000 年以前的新石器时代，先民就发明了光鲜亮丽的漆器。漆器的胎骨除木胎外，还有纻胎、竹胎、金属胎、陶胎、皮胎等。《丹漆流韵》选取陶胎漆罐、铜胎漆累、木胎漆鸟构件、纻胎漆耳杯、竹胎漆剑杖等不同材质的漆器，展示西汉漆器的丰富多彩。

木胎彩绘漆鸟构件

纻胎刻花漆盘

竹胎漆剑杖

铜胎"官家平"漆累

陶胎漆罐

漆器出土场景

　　刘贺墓出土漆器约 3000 件，既有耳杯、盘、碗、卮、樽、壶、杯、匕、勺等饮食器皿，也有奁、笥、盒、匜、量、杖、秤杆、研、翣、扇、笄、梳、篦等生活日用品和弩、箭箙、戟、盾、舣艖、铩鞘、刀鞘、剑鞘、剑椟、兵籣、柲之类武器与武器用具，六博盘、围棋盘、竽、琴、瑟、摇铃筒、钟磬架、鼓、钟鼓槌之类娱乐器与乐器用具，衣镜、屏风、榻、几、案、俎、凳之类陈设器，棺、枕、温明、俑、偶乐车之类葬具与明器，等等，是目前已知西汉陵墓中出土漆器品种、数量最多的一处。《海昏漆华》部分选取对鸟纹漆耳杯、"绪银"漆盘、云气纹漆勺、漆带钩盒、"丹画"龙纹漆盾、龙纹漆铢鞘、漆俎、漆榻足、云气纹漆方案、漆琴、漆瑟、漆老人俑等文物，品类多样，造型精美，装饰瑰丽，工艺精致，质量精良，充分展示海昏侯国的丹漆世界。

对鸟纹漆耳杯

云兽纹漆盘

"丹画"龙纹漆盾

三子漆奁

龙纹漆铩鞘

漆俎

漆榻足

漆老人俑

《漆艺天工》部分选取漆圆案、釦银贴金动物纹漆樽、"绪银"云兽纹漆耳杯、"绪银"云兽纹漆盘、釦银三子漆奁等文物，展示海昏侯国时期汉代漆器工艺成就。刘贺墓漆木器在制作工艺、装饰方式上远超同期高等级墓葬出土物，是出土纻器、釦器和贴金嵌铜镶宝石器等高档漆器数量最集中、保存最好的一次。漆器因胎质与器形的差异而采用相应的制作方法，木胎制作采用斫制、挖制、卷制、旋制和雕刻法，薄胎器采用木片卷制钉铆成形，同一件器物，往往数种技法并用，比如仿青铜器造型的折腹漆盘，先斫制出基本外形，再旋制出内腔和

嵌宝石漆奁盖局部

釦银贴金动物纹漆樽

外壁，经挖制法修整，做出折腹的形状。大量纻胎漆器是该批漆器的一大特点，仅口径达72厘米（约合3.1汉尺）的纻胎大漆盘，就出土了14件，如此大型的纻胎漆器，口沿、底部没有用金属釦加固，显示了高超的工艺水平。纻胎器往往釦银镶铜嵌宝石，釦银者，自名"绪银某"，比如漆器铭文"绪银酒杯五十枚""绪银六升盘五十枚""绪银樽十枚"，是指麻布胎釦银漆杯、盘、樽，绪银樽器型、大小接近于过去我们命名的卮，刘贺墓出土者自名为"樽"，使我们得知此器当时也称樽。

贴金动物纹

刘贺墓漆器纹样，主要包括动物纹、几何纹、自然景物、植物纹、人物故事纹以及铭文，每个类别又有许多装饰纹样，依装饰器物随形变化，运笔稳健准确、线条流畅多变、着色富丽和谐，即使是同一题材，也不雷同，对装饰的部位、比例的权衡也颇具匠心。比如，云气纹是使用最为广泛的纹饰，云气纹与神兽组合的云兽纹是盘、碗、耳杯内心最为常见的一种纹样，云气流动的方向、神兽的动态以及二者的组合方式富于变化。文字书写方式有刻划、漆书或画印章等形式，有的漆器还集多种书写形式于一体。从文字内容看，主要有制者标记和物主标记。制者标记，是品牌宣传的有效手段，与当代商标具有

"绪银"云兽纹漆碗内底

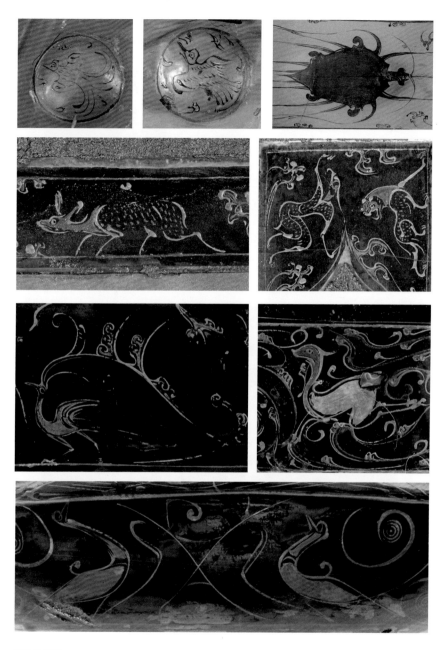

漆绘动物纹

同等功效，诸如"大所曹""安武曹""张""王""巨王""梅氏""庞氏"等。带"昌邑"款的漆器，记录了器名、制作时间、用料、制作人和监造人等内容，说明昌邑王国有自己的专属漆器作坊，同时也表明此类漆器是刘贺从原昌邑王国带入海昏侯国的实用器。

"张"印章款

"昌邑九年"漆盾局部

漆瑟禁铭文

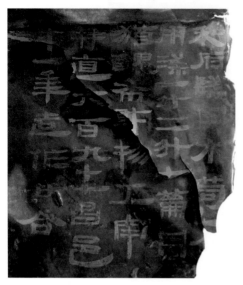

"昌邑十一年"漆笥局部

金彩柿蒂纹朱漆卮盖

　　在装饰用色方面，以红、黑为主基调，注重对比色的应用，还发展到多彩，用红、黑、黄、白、褐、绿、金、银等漆料绘画，使之更加华丽。孔子徒人图漆衣镜镜匣，漆彩绘和油彩绘并用，通过形、色、质等造型手法呈现画面中的艺术形象，图文并美，是西汉漆器彩绘的典型代表。

柿蒂纹

走近海昏

书香海昏

—— 汉代海昏侯国简牍文化展

　　海昏简牍类文物主要包括竹简、木牍、木楬和封检四大类，是出土文献的一次重大发现，其中《诗经》《论语》有较明确的师承，对于研究六艺经典的传布、演变有极高的学术价值，是了解西汉昭帝、宣帝时期思想文化的珍贵资料，同墓所出典籍，六艺、诸子、诗赋、数术与方技文献并重，为汉代刘氏王侯教育、文学修养以及思想信仰等方面的研究提供了一个新视角。展览分《侯家典籍》《书于简牍》和《汉隶墨趣》三个部分。

　　西藏椁5件漆笥中发现5279支竹简，按照出土文献定名通则，可以称之为海昏简。《侯家典籍》部分选取六艺类《诗经》竹简、《春秋》竹简、《礼记》竹简、《保傅》竹简，诸子类《孝经》竹简、《论语》竹简，诗赋类《子虚赋》竹简、《悼亡赋》竹简，数术类《易占》竹简、《房中》竹简、《医方》竹简和《六博棋谱》竹简，辅助刘贺书房复原，展现海昏侯家收藏的典籍。海昏简出土于江西地区，反映了汉代经学在长江以南地区的传播情况。

因传世文献中记载《鲁诗》为昌邑太傅王式所传、《齐论》为昌邑中尉王吉所传，海昏简本揭示了昌邑王刘贺接受六经教育的情况。海昏简主要为数术《易》，另可见简文有类似《说卦

竹简出土场景

走 近 海 昏

传》中以卦象配姓氏的情况，拟名为《卜姓》。王吉兼通《五经》，能为驺氏《春秋》，以《诗》《论语》教授，好梁丘贺说《易》。据残篇《说卦传》，简本以卦象配以姓氏、里程的《卜姓》《去邑》篇与上述二章句行文方式相类，均为"乾（卦名）为某为某"的句式，同为记述解说乾、坤、艮、兑、坎、离、震、巽八经卦所象征的姓氏、里程。

竹简清洗

《礼记》之《中庸》竹简

《保傅》竹简

走近海昏

《孝经》竹简

《房中》竹简

《春秋公羊传》竹简

《诗经》之《小雅·沔水》竹简

《论语》之《智道》竹简

《易占》之《夬卦》竹简

海昏简《六博》类简有 1000 多支，所记棋道名称，与《西京杂记》所记许博昌所传"行棋口诀"、尹湾汉简《博局占》、北大汉简《六博》等以往所见《六博》类文献相似。海昏简《六博棋谱》尚属首次发现，丰富了我们对汉代六博文化的认识。

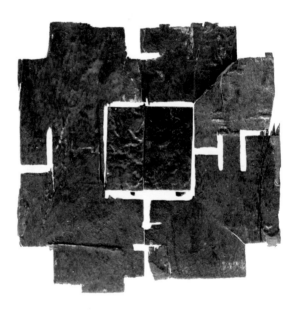

漆博局盘

海昏木牍主要有《除海昏侯国诏》和刘贺夫妇上书木牍，分别收藏在不同的漆笥内。《除海昏侯国诏》木牍是汉代典型的下行公文文书，也是考古出土的首份西汉除国诏书实物，属于标准的"罪免"诏，书写形式与策免相同，即一尺长木牍、双行隶书。

《除海昏侯国诏》之二木牍

刘贺墓出土木楬约200件，均为圆首长方形，多数顶部半圆形部分涂黑，少数画成网格状或画一横线表示分隔，上钻有一孔，其下标识序号，目前所见最大编号为"第百一十"。约半数以上的木楬正反面皆有文字，分上下两栏书写，极少数木楬不分栏、不分行，天地顶格书写物品类别、数量，所记内容为殉葬品，下葬时系在相应容器上，标识该器内存放物品名称、数量。

木楬

《书于简牍》部分选取漆墨盒、蟾蜍形漆研、漆圆研、错金环首铁削等文房用具，辅助竹简制作复原，展示汉代简牍制作、石研磨墨、醮墨书写、书刀削错字、编连成册的过程。

墨丸

鈿银柿蒂纹漆研

《汉隶墨趣》部分选取一批代表性简牍，展示西汉的书法成就。西汉是中国书法史上的重要时期，隶书获得大发展，成为官方文书通用字体。刘贺墓简牍因书写内容不同而体现出不同的书写态度和笔墨效果，大致说来，典籍、奏牍类文字抄写工整严谨、一丝不苟，应为专业刀笔吏代写，属标准汉隶，用笔沉稳，隶写规范，文字秀美，庄重典雅，既是这一时期不可

蟾蜍形漆研

漆圆研

多得的书法珍品，又是研究西汉中期隶书的重要材料。六艺典籍，书写笔笔到位，一丝不苟，字径大小、字间距一致，或字体宽匾、方正，折笔显方折；或字体清秀，折笔圆润。刘贺夫妇上书木牍，书写规范工整，讲究牍面布局及行款的整齐美观。医书、方术、木楬、五铢钱封检等则书写较随意，有的甚至含连笔、草意等简化笔意，呈现了西汉草体的多种形态。这类随意书写的文字，是当时日常书写的主流，表明当时仍处于字体演进中，其后诸多新写法、新字体主要是在这类日常随意甚至草率书写中逐渐约定俗成的。

遇见海昏

—— 汉文化体验互动区

　　《遇见海昏——汉文化体验互动区》利用互联网、物联网、VR、AR 等新技术，通过科技创新与文化创意完美结合，让海昏文物更耐看，海昏故事更动听，海昏博物馆更好玩，让海昏参观体验能共鸣，使得海昏文化妙趣横生。

　　《遇见海昏》展厅面积约 2160 平方米，现代博物馆展览与沉浸式汉代场景结合的文化空间内，参观流线疏密有致，在空间和流线转换中注重节奏，不时给观众带来视觉审美与认知的惊喜。在 5G 网络全覆盖的展馆内，适度、合理利用 4K、虚拟现实、增强现实及混合现实等数字技术，巧妙地把文化文物从学术的理论范畴解放到观众获得新知与身心体验的维度，将两千年前的汉文化进行数字化解读、重构，演绎、转换成观众可听、可看、可感知的数字产品，打造"衣冠礼乐""汉学书苑""八音和鸣""海昏宝藏""少年天子""妙手回春""掌上海昏""钿车宝马""投壶游戏""巧夺天工"十大视听媒体展项，引导观众在这些汉文化时空的片段中漫游，在交互式情景体验过程中进行文化探索，在回望历史中获得新知。我们在汉文化的准确讲述中穿插游戏互动体验，营造出一个集知识性、观赏性、趣味性、启发性、互动性与科技感于一体的汉文化沉浸视听体验智联互动空间，沉浸的视觉体验、拟真的听觉传达、自然的人机互动把传奇的海昏故事娓娓道来，邀请观众参与，激发观众深思，在参与中体验，在深思中收获。通过观众视觉、听觉和其他感官与行为的配合，在入耳入眼的体验之余，引发入心入脑的感悟与思考，从而创造出一种崭新的参观体验，观众可在展厅内体验智能体感捕捉、沉浸式裸眼观影剧场、VR互动、3D打印等数字技术，现代科技赋能传统文化，历史与时代交相辉映，传统与时尚完美融合，悠久的汉代场景得以重现，汉文化所蕴含的历史价值、美学价值、时代价值划破时空的介质融入当代社会生活，让观众在潜移默化中触摸历史记忆，在轻松愉悦的氛围中"遇见海昏"，领略博大精深的汉文化，在增进文化认同中坚定文化自信。这个汉文化数字体验展，有别于以文物说话的《金色海昏》展，是依靠科技支撑、满足观众个性化、开放式、延续式参观体验需求的创新创造，观众通过主动参与，一点点获取、积累属于自己的感悟与收获，体验到超越时空的历史律动。这份收获在观众内心滋生的略带探索的意识还能延续到博物馆展厅之外，他们借助网络，丰富、分享、提升对汉文化的新认知、新体验，是博物馆紧跟时代、以人为本、服务社会、引领文化消费时尚的体现，也是海昏侯国遗址博物馆展览体系中最富创意、最具特色的专题展区。

"衣冠礼乐"展项，通过 3D 试衣镜数字科技，采用体感捕捉技术和人机互动形式，将人脸识别技术与汉代发饰、服饰相结合，生成数套汉代装扮，观众只需挥挥手，就能任意切换至自己喜欢的服饰，体验试穿"长裙连理带，广袖合欢襦"的汉代服饰，并留下试穿照片，拍照后自动生成二维码，扫码即可在微信分享给朋友。"八音和鸣"音乐墙是一套智能体感捕捉系统，观众轻轻拍击墙上的海昏乐器图片即可触发多媒体，听到对应的乐器所奏响的声音，或婉转曼妙或庄重大气，手动体验，感受海昏侯府礼乐带来的震撼。

"衣冠礼乐"展项

使得礼乐的形式与内涵上有了新的发展。

"汉学书苑"展项

    "汉学书苑"展项，由大屏幕影片和学习区组成，观众可站立或坐在学习区的蒲团上，观看大屏幕上的视频影片，由影片中的汉服演员示范汉代的出行、跪坐、侍立、谒见等相关礼仪。

    "海昏宝藏"展项为大型互动屏，观众可通过大型互动触摸屏自由赏阅刘贺墓中出土的金器、玉器、青铜器、漆木器等重点文物，精美绝伦的海昏文物跟随观众的指尖翻动，直观地展现了海昏侯国这一座丰富的文化宝藏，文物3D模型让观众实现360°观赏海昏文物，还可为喜欢的文物点赞，也可扫描二维码保存到手机，把文物"带"回家。

    "少年天子"展项为观众营造了一个沉浸式裸眼3D剧场，循环播放立体式屏幕呈现的影片《少年天子》，观众可以了解刘

观众在体验"海昏宝藏"展项

"少年天子"展项

贺在皇宫的一日生活，从晨起梳洗、上朝听政，再到夜晚温室宴乐，随着画面的递进与后退，产生沉浸式视觉冲击，让观众有身临其境之感。

"妙手回春"展项是一个海昏文物修复互动游戏，观众在多媒体屏上动手参与过程中，体验青铜博山炉、青铜当卢等珍贵海昏文物的修复过程，感受文物修复工作者"化腐朽为神奇"的奥妙。

"投壶游戏"展项搭设了6套投壶互动装置，观众面向前方，对准壶口投射箭支，即可亲身体验汉代人的休闲娱乐方式，感受两千多年前人们的闲情雅趣。

"掌上海昏"展项，观众通过多媒体屏即可参与体验汉代射侯、射覆、九连环和六博4个经典游戏。同时链接了海昏侯

观众在体验"妙手回春"展项

数字博物馆，点击屏幕，海昏侯国尽收眼底，跟随指引即可开启海昏侯国探秘之旅。

"钿车宝马"展项以驷马安车为场景，以刘贺墓外藏椁车马坑出土的车马器为原型，仿制了2辆显示刘贺王侯身份的驷马安车，观众可拾级而上，坐上安车，佩戴VR眼镜观看全景影片，以实体体验结合VR虚拟体验的方式重温当年刘贺受汉皇室征召为皇帝，从昌邑奔赴长安的行程片段，四周飞驰而过的场景，犹如在真实的汉代城池与平原上驰骋，现实与虚拟的双重代入感，让观众真切领略到汉代王侯车辚马啸的出行盛况。

"巧夺天工"展项为3D立体文创打印，观众在此可成为一名文创设计师，设计明信片、3D打印文物。展项分为工艺品打印与巧克力打印两项，选取了裹蹄金、麟趾金、"大刘记印"玉印、舞人玉佩、"海"青铜印、青铜錞于、俳优俑青铜镇、漆碗

"钿车宝马"展项

"巧夺天工"展项

等刘贺墓代表性文物为设计原型，观众在多媒体机上选择喜欢的海昏文物后，即可打印对应立体造型的工艺品或巧克力材质纪念文创，将海昏文化带回家。观众还可在多媒体机上选择自己喜欢的海昏文物图案，搭配颜色，打印专属于自己的海昏文化明信片，从海昏邮局寄给亲朋好友，送上一份来自南昌汉代海昏侯国遗址博物馆的美好祝福。

　　一望两千年，汉风今犹在。《遇见海昏》通过传统文化与当代科技的古今融通，虚实结合，在数字化语景下，浓郁的汉文化氛围得以营造，丰富的文物资源得以深挖，厚重的西汉历史得以解读，悠远的汉文明得以传承，蓬勃的时代精神得以彰显，通过趣味的参观体验、惊喜的人机互动、多元的传播方式，让海昏文化不仅能"听得见""看得懂"，还能"摸得着""带得走"。

回眸大汉 一缕光

刘贺墓园出土文物种类之多、数量之大、品质之精，为西汉王侯墓考古所仅见，是汉武盛世和昭宣中兴这一历史时段的重要物证，形象再现了西汉时期王侯的奢华生活。这批文物作为一个考古单元，整体收藏在遗址博物馆，为我们重新认识刘贺、揭秘海昏侯国、回眸西汉历史提供了珍贵的实物资料。透过裹蹄金、麟趾金、饼金和五铢钱，我们可以回望汉武盛世和昭宣中兴的繁华；通过刘贺夫妇上书木牍我们可以回味西汉王侯朝请与酎金之制；透过数量众多、造型各异、琢制精细的玉剑具，我们可以感受汉人佩剑之礼；通过青铜神兽纹当卢、青铜编钟，我们可以品味西汉王侯"出则安车驷马，入则轩悬礼乐"的生活；透过《诗经》竹简，我们可以窥见西汉王侯教育与经学演变的思潮；通过可能来自波罗的海的虫珀佩饰，我们可以畅想汉人视野的边界；等等。因为历史是由胜利者书写的，书写的内容是书写者根据自身认知与需要选择的结果，并非完整的历史，出土实物是未经加工的史料，是历史场景的真实记忆，其中蕴含的历史信息无疑更接近历史真实，成为我们回眸大汉的一缕光。

褭蹏金、麟趾金与汉武盛世

刘贺墓园出土褭蹏金、麟趾金、饼金、钣金，共4类480件，包括文献记载的所有汉代金币品种，是汉代考古出土金币数量最多、种类最全的一次，总重约115千克，折合460汉斤，超过了此前历次出土西汉金币的总和。

褭蹏金因形似马蹄，俗称马蹄金，共出土50枚，其中大号17枚，小号33枚；刘贺墓出土48枚，刘充国墓出土2枚。大、小褭蹏金造型、装饰相近，呈马蹄状，圆底、中空、斜壁，前壁高，后壁低，呈一斜面。空腔内不见金属液体流动的纹路，呈麻砂面，系铸造过程中金液包裹陶质内芯所形成的铸造态；腔体外为打磨光洁的黄金镜面形态，底部和侧面有模仿马蹄纹理的凹刻线条，系后期手工凿刻、抛光加工所致；口沿外侧采用掐、攒、填、焊等多种细金属工艺铸接或嵌接黄金掐丝纹带一圈；口沿内侧有4个近似对角分布的突出楔形小榫头，用于承托镶嵌琉璃片或玉片、蛋白石片之类美石。

走 近 海 昏

西室裹蹄金、麟趾金出土场景

外棺头厢裹蹄金、麟趾金出土场景

大裹蹄金 17 枚，口沿外侧由 4 组纹饰组成纹饰带一圈，第一组、第三组为滚珠丝纹，第二组为滚珠丝制成的套珠纹，系主体纹饰，第四组为码丝纹。制作工艺考究，灵活运用了掐、攒、填、焊花丝技法等细金工艺中的花丝工艺，花丝种类有赶珠丝、金珠、码丝等。外底铭文有铸字和贴字两种，底部铸字者有"上""下"，13 枚；贴字者只有"中"字，4 枚。经对没有残存镶嵌美石的裹蹄金称重，"上"裹蹄金重约 250 克，"中"裹蹄金重约 240 克，"下"裹蹄金重约 245 克，量值均在 1 汉斤附近。

小裹蹄金 33 枚，口沿外侧装饰风格与大裹蹄金略有不同，由滚珠丝、正花丝、反花丝、巩丝等 5 组纹饰组成纹饰带一圈。外底部分为有字和无字两类，有字者 32 枚，无字者仅 1 枚。与大裹蹄金一样有铸字和贴字 2 种，铸字者有"上""中""下" 3 种，25 枚；贴字者有"中""下" 2 种，7 枚；

裹蹄金

走 近 海 昏

麟趾金

无字者 1 枚。经对没有残存镶嵌美石的小褭蹏金称重，"上"铭小褭蹏金重约 38 克，"中""下"铭小褭蹏金重约 29 克。

麟趾金共 25 枚。中空，长斜壁，前壁倾斜度较大，后壁较短，椭圆形底，形似一只狭长窄尖的靴子，后侧有一金丝攒成的花蕾状凸起，通体修长，壁面光洁，口沿内侧榫头的设置与褭蹏金相近，口沿外侧饰黄金掐丝纹带，纹样风格与褭蹏金略有不同。口沿外侧由 7 组纹饰组成纹饰带一圈，主体纹饰为一周巩丝，上下界以由正花丝、素丝、反花丝构成的纹饰带。外底部分为铸字和无字两类，铸字者 24 枚，无字者 1 枚。铸字有"上""中""下" 3 种，经对没有残存镶嵌美石的麟趾金称重，"上"铭麟趾金重约 82 克，"中""下"铭麟趾金约 76 克。总体来说，"上"铭褭蹏金、麟趾金比"中""下"铭褭蹏金、麟趾金明显要重，但三者在制作工艺精细程度上没有明显差别。

经科学检测，大褭蹏金纯度约 99%，小褭蹏金纯度约

98.6%，麟趾金纯度约98.9%。裹蹏金、麟趾金，集中出土于刘充国墓内棺和刘贺墓室2个区域，一处为主椁室西室最北部放置榻的地方及榻下，一件漆笥内就出土了大裹蹏金5枚，小裹蹏金10枚，麟趾金10枚，码放有序；另一处在外棺头厢部位，装在一件漆笥内，包括大裹蹏金12枚，小裹蹏金21枚，麟趾金13枚。它们与饼金绝不混放，表明在当时人们心目中裹蹏金、麟趾金属于一类特殊金币，与饼金用途不同。

裹蹏金、麟趾金是汉武帝为神化他登基以来发生的"天马""白麟"和"黄金"三件祥瑞事件，于太始二年（公元前95年）首次铸造的黄金纪念币，是对白麟和天马蹄趾形状的模仿。骙裹是骏马名，赤喙黑身，一日行万五千里，为汉代良马的专用名，"蹏"即"蹄"的异体字，所以裹蹏，即马蹄。唐人颜师古为《汉书·武帝纪》作注时将"裹蹏"改为"马蹄"，后世以讹传讹，于是就有了马蹄金的称呼。"裹蹏"不是普通的马蹄，特指武帝推崇的天马蹄，因此裹蹏金比马蹄金更接近汉武帝更名黄金的本意，也使得它们更显珍贵，如果将其随便改称"马蹄金"，就淡化、湮没了天赐祥瑞的寓意。

《史记·孝武本纪》记载："其明年，郊雍，获一角兽，若麃然。有司曰：'陛下肃抵郊祀，上帝报享，锡一角兽，盖麟云。'于是以荐五畤，畤加一牛以燎。赐诸侯白金，以风符应合于天地。"说明当时发现的"一角兽"形似麃，人们认定是麒麟并作为祭祀五畤的祭品。"麃"，《史记集解》韦昭曰：楚人谓麋为麃，即现代生物学上属于偶蹄目的鹿科动物，其蹄子的特点是第三和第四趾特别发达，长短相等；第一趾完全退化，第二和第五趾不发达或缺如，人们在视觉上看到偶蹄目动物每足仅两个凸显的脚趾瓣。刘贺墓裹蹄金呈马蹄形状，所出麟趾金，近似趾瓣的形状，度其大小和比例应是兽趾，是对偶蹄目鹿科动物脚趾单个趾瓣侧视外形的模仿，花蕾状凸起象征退化的一趾。

据《汉书·武帝纪》，太始二年三月，诏曰："有司议曰，往者朕郊见上帝，西登陇首，获白麟以馈宗庙，渥洼水出天马，泰山见黄金，宜改故名。今更铸黄金为麟趾裹蹄以协瑞焉。因以班赐诸侯王。"说明铸造裹蹄金、麟趾金的目的，是为了上应天降"嘉祉"，彰显"祥瑞"；裹蹄金、麟趾金的赏赐对象是诸侯王，也就是说，拥有裹蹄金、麟趾金的人十分有限，属于仅诸侯王才拥有的珍贵纪念品，不作流通之用，这也是麟趾金、裹蹄金罕见的原因所在。西汉贵族墓中，往往出土仿照铜钱、饼金、钣金制作的泥质、铅质、锡质冥币，但没有发现过麟趾金、裹蹄金的仿制品。由此可见，太始二年以前已铸造过黄金纪念币，只是名称不叫"麟趾、裹蹄"，汉武帝时期因获得天马、麒麟，于太始二年对此类黄金纪念币重新命名定型，改名为"麟趾、裹蹄"。

麒麟是一种神话动物，是太平盛世的象征，孔子作《春秋》，止于获麟之年。汉武帝时期于太初元年（公元前104年）首次创立年号纪年制度，对登基以来的6个纪元，采纳臣子的建议，用该纪元内重大祥瑞事件作为追记年号的依据，分别为建元、元光、元朔、元狩、元鼎和元封，第四个年号"元狩"，就是为了纪念该纪元第五年武帝在陇首打猎时猎获白色麒麟一事，也就是说，"获麟"是汉武帝第四个纪元6年内最重要、最值得称颂的祥瑞事件。西域良马为汉武帝所渴求，元鼎二年（公元前115年），张骞奉命出使西域归来，献上乌孙良马数十匹，武帝把它们命名为天马。元鼎四年（公元前113年），敦煌进贡良马，武帝命人作《天马之歌》，认定该马是太一神所赐。

在经籍之中，以麒麟为意象，最为著名的是《春秋》，孔子因获麟而绝笔，表现的是对乱世的哀叹。但《诗经》与之不同，《周南》是表现王者之化的诗篇，《麟之趾》作为尾篇，呼应着开篇《关雎》的礼乐之化，是作为正面形象而出现的，以麒麟之趾作为首句，反复赞咏，意在歌颂王公子孙的繁盛及仁

麟趾金与褭蹄金

走 近 海 昏

德。在汉代，麒麟出现，是能给世人带来盛世想象、祥瑞寓意的政治事件，汉武帝因获麟，选定年号"元狩"，因获麟，改铸麟趾金，赏赐给诸侯王，彰显国泰民安，皇族兴旺。

麟趾、裹蹄分别指麒麟的趾瓣和天马的蹄，因此制作麟趾金、裹蹄金是汉武帝神化君权、强化皇权的一种手段，映照出汉武盛世的光辉。从血缘上说，皇帝与同姓王侯都是刘室宗亲，各地的王侯是现任皇帝的长辈或平辈、晚辈；但在皇权面前，只能是上下级，是君臣关系，皇帝至高无上，皇帝送东西给王侯，叫赏赐、班赐，王侯给皇帝送东西，叫贡献，麟趾金、裹蹄金是为协和祥瑞专门制作的神物，带着神圣的光环，是皇帝给王侯的赏赐，没有获得赏赐的人，即便是诸侯王，也不配拥有，更不敢仿制。皇帝赏赐臣下财物、金钱之事，在《汉书》中屡见不鲜，但赏赐麟趾金、裹蹄金一事，没有任何记录，这就是汉代贵族墓甚至是诸侯王陵中，没有麟趾金、裹蹄金仿制品出土的真正原因所在。

麟趾金、裹蹄金仅出土于刘贺墓和中山怀王刘修墓，刘贺长子刘充国墓出土了 2 枚小裹蹄金，握在双手中。刘贺、刘充国薨于汉宣帝神爵三年（公元前 59 年），刘修薨于汉宣帝五凤三年（公元前 55 年），距汉武帝太始二年首次铸造麟趾金、裹蹄金仅过去 30 余年。刘贺的麟趾金、裹蹄金，应该是从武帝之子、父亲刘髆继承所得。从时间上看，刘贺、刘修均为诸侯王，他们的墓中出土麟趾金、裹蹄金，与史籍记载的汉武帝铸造裹蹄金、麟趾金并赏赐给诸侯王的史实最为吻合。

五铢钱与多金王朝

　　刘贺墓北藏椁五铢钱堆积如山，高约 1.3 米，一串串整齐码放，排列有序，相当一部分钱串系有封检，钤有"昌邑令印"封泥，木匣上有墨书文字"海昏侯家钱五千"。共出土五铢钱 10 余吨、约 500 万枚。这批铜钱数量众多，形制上较为相

五铢钱出土场景之一

似，均为五铢钱，没有发现三铢半两钱、四铢半两钱等西汉早期铜钱。经初步清点，包括郡国五铢、元鼎五铢、昭帝五铢和宣帝五铢，郡国五铢数量极少，绝大多数为三官五铢。

"昌邑令印"封检为海昏侯国财富来源提供了一个新视角，木匣上端刻出"印齿"，穿钱的麻绳（当时称緡）头嵌入印齿上的圆孔内，再填以封泥，钤"昌邑令印"，内有一串五铢钱，共5000枚，每1000枚之间打一个绳结作计数标识，表明相当一

「昌邑令印」木封检

内棺底板上饼金摆放场景

走 近 海 昏

部分五铢钱是从原昌邑王国带入海昏侯国，是刘贺受赐原昌邑王国财产的极好脚注。因此在刘贺封为海昏侯时，刘髆父子、两代昌邑王30多年所积攒的财物都被带到了海昏侯国，海昏侯国因此就拥有了其他列侯都无法比拟的巨额财富。他薨后，海昏侯国被废，昭示王侯身份的物品不能被子女继承，只能深埋地下，这便是刘贺墓出土文物极为丰富的主要原因。

刘贺墓还出土了饼金385枚，集中出土于墓室2个区域，一处为主椁室西室最北部，189枚分装在2件漆笥内，码放有序；另一处在主棺内，外棺头厢部位1件漆笥内盛放96枚，内棺底板上放置20行，每行5枚，共100枚。这些饼金每个重约250克，折合1汉斤，没有发现西汉流行的1两重小饼金。大部分饼金上有戳记或刻划符号，大致有检验黄金成色和重量时留下的戳印符号"V"和

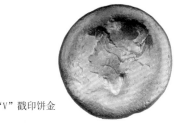

"V"戳印饼金

"贝""长""陶""巨""市""上三""郭四百五十坚六"等，"V"是西汉饼金上常见的戳印，"贝""长""市"戳印在西安谭家乡十里铺西汉窖藏出土饼金上也有发现。

考古发现表明，随葬铜钱在西汉较为普遍，只不过铜钱的数量多少不同而已。例如，大葆台广阳顷王陵残存五铢钱300余枚，2号墓残存五铢钱约60千克；江苏徐州北洞山楚王陵出土半两钱207千克，狮子山楚王陵出土半两钱17.6万枚；大云山江都易王刘非陵出土半两钱30万余枚，重约1吨；河南永城柿园梁王或王后陵出土半两钱约225万枚，重550千克。列侯墓中，安徽阜阳汝阴侯墓出土半两钱33枚；四川绵阳双包山2号墓出土半两钱40枚。

但用饼金陪葬，则仅限于高等级贵族墓，这当然都与死者的身份地位直接相关，主要见于诸侯王陵，列侯墓罕见。随葬饼金的诸侯王陵，河北满城中山靖王刘胜墓随葬小饼金40枚、重719.4克；夫人窦绾墓出土小饼金29枚、重438.15克；定县中山怀王刘修墓出土大饼金2枚、小饼金40枚、大裹蹏金2枚、小裹蹏金2枚、麟趾金1枚；献县河间王后墓出土大饼金1枚、重250克；山东长清双乳山济北王陵出土大饼金19枚、小饼金1枚，总重4262.5克；永城柿园汉墓2号侧室门道外出土小饼金1枚、重83克，系盗墓时所遗漏；长沙401号墓出土饼金1枚，重254.125克，伴出明器性质的铅饼230枚和陶饼若干；湖南长沙风蓬岭1号墓（西汉晚期刘氏长沙国某代王后墓）出土大饼金19枚，每枚重250.5克。列侯墓中，随葬饼金

徐州小龟山楚王陵出土泥饼

者此前仅见于西安张安世墓，其他列侯墓多用明器泥饼随葬，如绵阳双包山 2 号墓出土泥饼 230 多枚；湖南长沙马王堆汉 3 号墓出土泥饼一笥，同墓遣册称"土金二千"。

刘贺墓出土五铢钱约 500 万枚，重约 10 余吨，黄金 115 千克，无论铜钱的数量还是饼金及褭蹏金、麟趾金的数量，均为迄今所见西汉王侯墓出土钱币之最，以实物向人们诠释了一个多金王朝。

西汉铜钱的种类很多，从汉初至宣帝时先后铸造的铜钱，有"荚钱""八铢钱""五分钱""四铢钱""三铢钱""半两钱""五铢钱"等数种。刘贺墓出土的铜钱全部为五铢钱，为我们重新认识西汉五铢钱制度提供了珍贵实物资料。

秦统一六国，实施了一系列加强中央集权的措施，废除六国形制、大小、重量及币值不一的货币，制作统一的法定货币通行全国，上币是黄金，以镒为单位，黄金作为价值尺度的地位为官方所确认、社会所接受，用于大额支付；下币是铜质圆形方孔半两钱，重如其文，用于日常交易。秦代1两为24铢，半两即12铢，约合7.8克，分量颇重。半两钱是我国历史上第一次统一的铜钱，奠定了铜钱形制，此后历代王朝，除极个别例外，所铸铜钱均为圆形方孔的形制，一直沿用了两千多年，对古代铜钱产生了重大影响。

西汉继承秦代以黄金、铜钱为上、下币的传统，改上币黄金单位为斤，制定《钱律》来确立黄金的法定价值尺度地位，黄金被广泛用于表示价值，举凡家产、田亩、奢侈品以至牛羊粟豆，无不可以金计其值；而赎罪高低、罚赎轻重，皆可以金为衡度。西汉一斤，约合250克，刘贺墓西藏椁1件漆笥内出土"大刘一斤"青铜环权，一套6件，最大者245.7克，约合1汉斤，与1枚大饼金等重，最小者重3.56克，与1枚三官五铢等重，说明这种环权当时是称黄金、铜钱的工具。考古出土的西汉饼金便是当时与铜钱一并流通的金币。在西汉，黄金是法定的称量货币，发挥着充分的货币职能，《二年律令·钱律》规定，不接收黄金和铜钱是违法行为，处罚金4两。民间日用，主要是铜钱，用黄金购买商品时需要先行按市价兑换成

"大刘一斤"青铜环权

铜钱，每年年初政府公布黄金与铜钱的兑换平价。汉代的货币经济已有很大的发展，人民向国家所纳的租税，田租用谷粟，算赋（丁税）、口税（童税）则用钱，更赋（力役）也可以交钱代役，买爵、赎罪有的也用金、钱。在国家支付方面，西汉官俸虽然以米斛计算，但发放时，往往部分支付现金；皇帝赏赐金、钱，在《汉书》中很常见。

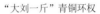

西汉初期由于经济残破，物资匮乏，各地经济发展水平、经济实力、市场活跃度等千差万别，很难铸造重如其文的半两钱，中央政府放弃了垄断铜币铸造权，放任民间私铸。在放铸政策下，由于缺乏标准化管理，各地所铸铜钱大小、轻重、优劣不等，币制混乱，导致了一系列严重的社会问题。如何稳定金融，健全钱法，成为汉初的一个重要经济课题，因此汉代前期货币政策一直处于调整之中，进行了多次改革。这一过程前后经过了七八十年，至武帝时钱制更改了八九次，官铸、民铸亦数有更张，最后武帝统一了全国的铜币铸造权，建立了五铢钱制度，才最终得以解决。高祖刘邦时铸造了一种小型半两钱，重三铢，钱文仍为半两。由于政府放铸，奸商为了牟利，以致铜钱越铸越小，小者不能盈指，小如榆荚，称"荚钱"，甚至出现不到1铢重的半两钱。民间还出现剪边半两，是一些投机商将秦制半两钱，用铁剪剪下一圈，七八枚半两钱就可以剪下1个半两的铜料，用剪下的铜料铸造半两钱。吕后时又先后铸行了八铢钱和五分钱，亦是半两钱的形制，仅在重量上进行增减而已。文帝时铸造四铢钱，钱文"半两"。武帝从建元元年（公元前140年）到元鼎五年（公元前112年）的20多年间，鉴于币制乱象，先后进行了6次币制改革，期间铸行有三铢钱、白金三品，以及四铢钱，逐步解决金融稳定问题。

汉武帝建元元年发行三铢钱，重如其文。由于三铢钱与原来的四铢钱等价使用，导致盗铸盛行。建元五年（公元前136年）春废三铢钱，发行四铢半两钱。元狩四年（公元前119

年）又重新铸造三铢钱，同时发行皮币和白金（即银）币，还颁布了盗铸金钱者死罪令。元狩五年（公元前118年）进行第四次币制改革，废三铢钱，发行五铢钱。武帝五铢包括郡国五铢、赤仄五铢和三官五铢。

元狩五年，为了防止豪商操纵、私铸铜钱牟利，汉政府把铜币铸造权从民间收归地方政府，诏令各郡国铸行五铢钱，称郡国五铢，又叫元狩五铢。钱文"五铢"二字篆书，字体粗壮，"五"字交笔斜直或有弯曲，"铢"字"金"傍头较小，似箭镞，"朱"头方折。正面有轮无廓，背面则轮廓具备。钱径2.5厘米、穿径0.9厘米，重3.5—4克。由于各郡国铸造技术水平有高低，铜矿的成分有差别，主持铸钱的官吏对钱法理解的程度与奉行的态度也不尽一致，所以铸成的五铢钱差别很大，轻重不一，大小不等，制作工艺参差不齐，有的工艺粗糙，或钱文模糊，或钱廓留有毛刺，有的与半两一样，背平无轮廓，有的穿孔大，肉薄，也有肉厚者；字体结构、笔画大小粗细、笔锋及防伪记号多样，有穿上半星、穿下半星、穿上横廓、穿下横廓、四角决文等几十种记号；更有错版五铢，"铢"字的"金"傍或倒写，或笔画残缺。刘贺墓西藏椁1件漆笥内出土"昌邑"款五铢钱石范和一些玉石印章、原料，应该是原山阳郡设在昌邑城铸钱作坊所使用的石范，后来成为刘贺的藏品，是山阳郡铸造五铢钱的物证。

汉政府改铸五铢钱，主要目的是树立信誉，稳定金融，以彻底解决私铸问题。各郡国官吏，恶习难改，依旧上下联手，

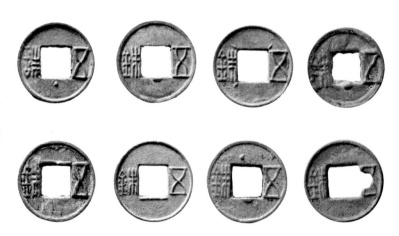

郡国五铢钱

「昌邑」五铢钱石范

中饱私囊。元鼎二年（公元前115年），中央政府收回了各郡国的铸币权，统一发行赤仄五铢。赤仄五铢以赤铜为质，精磨之后廓边尽赤，赤仄（侧）为把外廓锉平的意思，周廓深圆而磨滤精湛，穿径方正，工艺精整，铜色殷赤纯净，钱面无瑕疵。钱径2.5厘米、穿径1厘米，铸廓宽厚均匀，外廓宽、厚均0.2厘米，没有过宽过窄或宽窄不均的现象，穿廓方正齐整，宽、厚均0.1厘米。钱文点划清晰，"五"字交叉两笔相交缓曲，上下二横没有出头，笔画纤细而流畅秀丽，没有郡国五铢中"五"字竖划直笔相交或弯曲相交现象；"铢"字的"金"傍头部呈小三角形，四点作短竖状，"朱"傍方折，没有出头"朱"（或长朱）现象。钱面不带记号，布局疏朗，绝无字划与穿廓拥挤模糊现象。新钱铸成后，政府用以收兑郡国五铢，1枚兑换5枚郡国五铢，到元鼎四年（公元前113年），劣钱已经大部分收回。同年开始发行元鼎五铢，明令以前各种铜钱上交销毁，熔化成铜锭，送上林三官。

元鼎五铢，枚重五铢，形制规整，重量标准，铜质优良，铸造工艺精美，内外廓坚挺匀称。钱文篆书阳文"五铢"两字，严谨规矩，笔画粗细一致，"五"字交笔较直或缓曲，上下与两横笔交接处略向内收，"铢"字的"金"傍头部呈三角形，下划为四竖线，"朱"傍头部方折，下垂笔圆折，头和尾与"金"傍齐平。钱径2.5厘米、穿径1厘米，重约3.5克，廓厚0.15—0.2厘米，宽0.1—0.14厘米，深峻平整，连接钱肉的一面垂直。穿孔记号主要为穿上横，也有无记号或穿下半

元鼎五铢钱

星、穿上半星、四角决纹者。西汉1斤约折合250克，1铢为0.65克，5铢为3.25克，元鼎五铢重3.5克，实际重量超过了所标出的面值，从而杜绝了困扰西汉百余年的铜钱盗铸问题。从元鼎五年（公元前112年）开始，铜币铸造权从地方收归中央，由上林三官统一铸造，使西汉初年以来币制混乱的问题得以解决，标志着五铢钱制度正式建立，开创了中央铸币的新纪元。

昭帝五铢，大小和三官五铢相同，铜色深红，铸造技术比三官五铢略显粗糙，记号只有穿上横一种。钱文"五"字变化较大，一般字形瘦长，"五"字两边交笔弯曲，两股末端有明显的收敛，上下横有的较长，与外廓相接；"铢"字"金"傍头部呈三角形，略低于"朱"傍，"朱"傍头部方折。

宣帝五铢，钱文"五铢"二字笔锋挺拔秀丽，"五"字交笔缓曲，一般上横、下横超出交笔末端

走 近 海 昏

之外，如两个炮弹形相对。"铢"字的"金"傍头部呈等腰三角形或箭镞形，下划多为四点，略低于"朱"傍，"朱"傍多数上折下圆，也有少数上、下均方折或带圆意。钱径约2.5厘米、穿径1厘米、廓厚0.15厘米，重约3.4克。宣帝共有七个年号，除最后一个年号"黄龙"只存在一年没有发现铭文铸钱范模外，其他年号均有发现，说明宣帝时期也是五铢钱铸造的兴盛时期。宣帝铸钱以工整敦厚著称，铜质、形制、书体、铸造均已达到尽善尽美的程度，其形制整齐，肉面光洁，内外廓略高于钱肉，薄厚一致，外廓由外向内作坡状倾斜。

昭帝五铢钱

根据西安汉代铸钱作坊出土汉代封泥"锺官钱丞""锺官火丞""技巧钱丞""技巧火丞""六厩钱丞""六厩火丞"可知，西汉上林三官是指锺官、技巧和六厩3个机构，均设有制作钱范、铸造铜钱的专门作坊，分别归其下属的钱丞、火丞管

宣帝五铢钱

理。上林三官采用平板式范模铸钱，大致工艺流程为：刻制石质阴文反书祖钱面范，印制阳文正书泥母面范，入窑烧制成陶范；用此陶面范配陶母背范，合范浇铸出阴文反书金属子钱面范，再用此金属子钱面范配陶背钱范，然后浇铸出阳文正书五铢钱。石质祖钱面范质地坚硬，可以反复印制，因此，虽然铸钱量很大，但只要使用同一祖钱面范，铸造的铜钱规格、重量相同，可以确保铜钱质量。

西汉是我国古典货币经济发展得最为鼎盛的时期，汉武帝时期建立了五铢钱制度，标志着我国古代铜钱标准化进程基本完成，在我国货币史上占有重要地位。五铢钱轻重适中，美观实用，具有内外廓的造型，可防止对铜钱磨边（或剪边）以获取铜料的不法行为，保证了铜钱质量，合乎古代社会经济发展状况与价格水平对货币单位的要求，是我国历史上铸行数量最多、流通最久、最为成功的"长寿钱"，在汉武帝以后的西汉、东汉、三国、晋、南齐、梁、陈、北魏、隋，虽然朝代更迭，币制不变，长期成为我国古代基本的铜币制度。至唐武德四年（公元621年）铸造"开元通宝"，才结束了五铢钱739年的流通历史，铜钱从此向唐宋年号钱制转变。总之，秦代的圆形方孔半两钱，是我国历史上第一次统一的铜钱，奠定了我国古代铜钱的基本造型。汉武帝时的五铢钱，是我国古代铜钱造型在秦半两钱基础上的又一次重大发展，这种有内外廓的圆形方孔钱形制沿用至清末。

关于上林三官五铢，在《史记·平准书》及《汉书·食货志》中几乎相同，均载："其后二年（即元鼎四年），赤仄钱贱，民巧法用之，不便，又废。于是悉禁郡国毋铸钱，专令上林三官铸。钱既多，而令天下非三官钱不得行。诸郡国前所铸钱皆废销之，入其铜三官"。刘贺墓出土大量带有"昌邑令印"木封检的"郡国五铢"式五铢，铸造精工，钱文规范，与过去总结的元鼎五铢特征相比，外观上除特殊记号外，并无二致，此类五铢与西安上林三官铸钱遗址出土早期钱范带有四角决文和穿下星2种记号或无记号的现象可互证，说明元鼎五铢在早期仍保留了少数几种记号。据《汉书·食货志》记载，自武帝发行五铢钱，至西汉末年，五铢钱发行量达到惊人的280亿万余枚，学术界一直在探讨，西汉为什么需要铸造如此之多的铜钱，刘贺墓10余吨五铢钱的出土，为我们揭开这一谜底提供了新的视角。

鎏金青铜编钟与王侯之乐

青铜编钟共出土2堵、24件，其中鎏金纽钟14件、甬钟10件，鎏金青铜龙纹套头、鎏金青铜虡各2套。鎏金青铜编纽钟出土于刘贺墓北藏椁近南墙处。14件纽钟保存完好，造型、纹饰相近，大小依次递减，出土时整齐地用铜钉穿系在漆钟簴上。钟簴为红地彩绘龙纹漆木质，两端镶嵌鎏金龙纹青铜套头；簴上插3块业，业呈三角形片状，中心部位各嵌1件青铜圆饼形器，簴上附有鎏金青铜钉14枚、骆驼形挂钩6件，分别用于悬挂编纽钟和甬钟。青铜神兽虡2件，竹节状青铜虡柱立于神兽虡座上，U形托座承托钟簴。虡座为兽形，似驼，长嘴合口，圆目小耳，脑部、后背各有一驼峰，背脊中部有一圆形銎，前足跪坐，后足蹲踞，短尾后垂，腹部饰鎏金龙纹，类似的虡座见于大云山江都易王陵。

纽钟体作合瓦形，呈扁凸状，铣棱中部外鼓，两端内敛，显得矮胖浑圆；于口弧曲，有棱状内唇；腔面以粗阳线框分隔

鎏金青铜钉

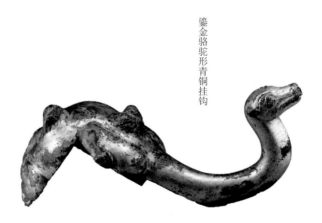

鎏金骆驼形青铜挂钩

出钲、篆、鼓、枚各区。舞下、钲下、于口以及铣棱两侧饰以鎏金弦纹。舞平素无纹，置扁平长条环形纽；钲部两侧有 4 组枚，每组 9 个，分 3 行，以篆带相隔；枚呈乳丁状，其上刻细线纹；钲部、篆带饰鎏金变形龙纹，鼓部饰鎏金对称龙首纹，正鼓部饰一个鎏金蘑菇状点纹，作为正鼓音的演奏标记；正面鎏金纹饰清晰，背面由于经常演奏敲击，致使局部脱落。钟腔于口内壁 4 个侧鼓部均焊接楔形音梁，向上顺腔体延伸至枚区。钟内腔留有调音刻凿的痕迹。

编甬钟出土于刘贺墓北藏椁，共 10 件。青铜神兽虡 2 件，竹节状青铜虡柱立于鎏金青铜神兽虡座上，U 形托座承托钟簨。虡座为神兽形，似龙，昂首，双角，圆目长耳，背脊中部有一圆形銎，两侧有翼，前足微屈，后足蹲踞，长尾及地，腹前部有一条凸脊，贴于地面，用于稳固，通体鎏金，类似的虡座见于大云山江都易王陵。

甬钟作合瓦形，呈扁凸状，铣棱两端内敛，显得矮胖浑圆；于口弧曲，有棱状内唇；腔面以粗阳线框分隔出钲、篆、鼓、枚各区；竹节状实心甬，甬上端有一道折棱，中段有 2 道相连的瓦楞纹，下端有一道凸宽带，其上有旋，旋作螭状，上半身有多道平行排列的短斜直线，近头部处有卷云纹，旋上有一个螭头形干，以 S 形卷纹下部为螭眼；钲部两侧有 4 组枚，每组 9 个，分 3 行，以篆带相隔。从器表纹饰和铭文看，这套编甬钟是出于某种需要由原本属于不同编列的甬钟拼凑而成。自西周始，出于乐律方面考虑，编钟拼凑使用是一种普

编纽钟出土场景

遍现象。

　　10件甬钟大致可以分为2组，每组5件。第一组出土于北藏椁近北墙处，钟架垮塌范围内发现5件铭文钟，大致可以分为两类。第一类为几何纹甬钟，共3件，螺旋式乳丁枚，甬部中段为三角纹，内填篦点纹和花卉纹，其篆间、篆带、钲部和舞部为完全图案化的菱格纹，这是汉代典型的编钟纹饰。1号甬钟侧鼓部刻铭文"东道羽重百一十斤第三"，钟体近舞部刻铭文"东"；2号甬钟钟体近舞部刻铭文"东道第三宫重百五斤"，

编甬钟出土场景

编磬出土场景

侧鼓部铸铭文"宫";3号甬钟钟体近舞部刻铭文"东道第三商重八十六斤"。第二类为蟠虺纹甬钟,共2件,螺旋式乳丁枚,其篆间、篆带、钲和舞部饰蟠虺纹,甬部中段为三角纹,内填花卉纹,有铭文,4号甬钟钟体近舞处刻铭文"西道角重八十五斤第二",5号甬钟侧鼓部刻铭文"西道第一角重七十斤"。铭文钟,文字或镌刻较深,字体规整;或刻划较浅,手法粗糙,字迹潦草,系不同时期不同工匠所刻。铭文包括四部分内容:第一部分是东道和西道,指该钟在一肆钟的悬挂位置;第二部分是五音(宫、商、角、徵、羽),所见5件甬钟铭文中五音缺徵;第三部分是第一、第二、第三之类序号;第四部分是甬钟的重量。

第二组出土于编纽钟架倒伏范围内,共5件,大致可以分为两类,蟠虺纹甬钟2件,造型、装饰与前述甬钟相同,但器体更轻薄。鎏金龙纹甬钟3件,枚呈乳丁状,其上刻细线纹，舞下、钲下、铣间弧线以及钟体两侧饰以鎏金弦纹。舞部、钲部、篆带饰鎏金变形龙纹，鼓部饰鎏金对称龙首纹；正面鎏金纹饰清晰，背面局部脱落。装饰纹样、风格与前述纽钟相同，可能是同一时期由同一作坊设计、铸造。

此外，刘贺墓还出土了一堵 14 件的琉璃编磬，与编纽钟并排摆放在北藏椁中部靠近南墙处，磬体内空，靠填充物来调节音高，与一般大小相次的石制编磬相比，极具个性。虽然琉璃的材质珍贵，制作难度又大，从物理结构上讲也远没有石头性能稳定，从音乐性能上分析，琉璃编磬并不比石磬优良，而且容易腐蚀走音，但是刘贺将其用于乐悬可能是出于个人喜好及对身份地位的彰显。江都易王陵也出土了与此相近的琉璃编磬。

我国是制造和使用乐钟最早的国家，钟体硕大，可以单独悬挂的，称为"特钟"，依大小相次成组悬挂演奏的，称为编钟。编钟由若干件大小不同的钟有次序地悬挂在漆木架上编成一组或几组，每件钟敲击的音高各不相同，从而组成完整音列。钟的音量大小在于共鸣箱的大小，其音频变化主要在于鼓部的厚薄，小钟音高细，大钟音低沉。青铜编钟为礼制器用的重要组成部分，是我国古代王侯权贵专用的大型打击乐器，是等级和权力的象征。东周时期青铜器组合由西周的重鼎食器逐渐演变为"钟鸣鼎食"，钟必成编，鼎必成列，是鲜明的时代新风。到汉代，青铜器日益生活化，失去礼器功能，编钟开始走向衰落。刘贺墓出土的编钟，是继广州南越王墓、章丘洛庄汉

刘贺墓编纽钟复原

刘贺墓编甬钟复原

墓 14 号陪葬坑、大云山江都易王陵之后又一套规制完整的西汉实用乐钟，对研究编钟及其音律和铸造工艺乃至西汉乐悬等级制度等，有着重大的历史意义。

西周统治者将钟磬编悬乐器赋予深刻的政治伦理，形成了以钟磬为代表、等级森严的乐悬制度，包括乐悬的用器制度、乐悬的摆列制度和乐悬的音阶制度，其等级非常森严，不可僭越，对古代礼乐文化产生了深远影响，为汉代所继承。《汉书·礼乐志》记载的"高张四悬，乐充宫廷"，说的正是天子所用的宫悬。刘贺墓出土的 2 套钟虡和 1 套磬虡可以证明，这 3 堵编钟、编磬均为完整编列，符合诸侯王轩悬的乐悬礼仪，体现了汉代对先秦音乐制度的继承。前述三王陵出土乐悬组合为 14 件编纽钟和 5 件编甬钟分两层悬挂在一件钟架上构成一堵，与之相比，刘贺墓多出 5 件一堵编甬钟，这一乐悬礼制便是《周礼》记载的轩悬，也是轩悬礼制的首次考古发现。《周礼》明确记载了天子用乐为 4 堵，即东西南北四面各摆放 1 堵，称宫悬；诸侯王去掉南面，即为 3 堵，称轩悬；卿、大夫只有东西 2 堵，称判悬；士阶层只能在东面或阶间摆放 1 堵，称特悬。

4

刘贺夫妇上书木牍与王侯朝请

刘贺夫妇上书木牍共 58 版，单独放在一件漆笥内。所有木牍大小接近，呈长条形片状，天头空出 3 个字约 2.5 厘米的位置，遇"皇帝陛下""皇大后陛下"则另起一行，顶格书写；也就是说，"皇"必须顶格书写，与其他的字之间空出 2 个字的位置，以体现皇帝上承天意、下治万民的独尊地位；木牍单面书写，右起分列直书，以列（栏）间空白为间隔，每枚木牍书写列数不等，正文用隶书书写，末尾如果有记事或回复文字等内容，则用淡墨章草书写，以示区别。

汉代上行文书有奏、章、表、议四种格式，"奏"用于下级官员向上级报告，"章"的使用则较为宽泛，官民皆适用。刘贺夫妇不是官员，他们的上书属于"章"，因此上书木牍中称"昧死再拜上书言"。

这些上书木牍是刘贺向皇帝、上官皇太后以及刘贺夫妇向上官皇太后上书的上行公文，刘贺在上书中自称"南藩海昏侯""臣贺"，意即他是汉室的藩臣，在南方藩卫汉家王朝，体现的是他与汉皇室之间的君臣上下关系，是效忠皇帝、臣服朝廷的态度；夫人待在上书中自称"海昏侯夫人""妾待"，与刘贺的上书相比，少了"南藩"，称"妾"不称"臣"，表明当时前朝与后宫之间有严格的区分，夫人待只能向皇太后或皇后上书，不过，出土木牍中没有发现刘贺夫妇给皇后的上书。

上书木牍大致分为两类，一类只有上书者和上书对象以及"昧死""再拜"等格式用语，没有实际内容，有"南藩海昏侯／臣贺昧死／再拜／上书／皇帝陛下""南藩海昏侯／臣贺昧死／再拜／上书／皇大后陛下""海昏侯夫人／妾待昧死／再拜／上书／皇大后陛下"3种格式，分5行书写，是上书的封面，相当于今日的信封，标明了上书者和受书者，既便于公文准确传递，又可起保密作用。在汉代，书牍正文写好后，要加一块封面，压在上面，用三道绳子捆绑牢固后加上封检，再派专人或通过邮驿系统传递。另一类为上书正文，有简短的内容，时间跨度可见元康三年至五年（公元前63—公元前61年）。据《汉书》记载，汉宣帝元康年号只用了4年，第五年三月下诏改元神爵，刘贺墓出土元康五年二月木牍，可与文献互证年号。

所有上书大体与"朝贺""秋请""酎金"诸事有关，是刘贺夫妇愿望的表达。其行文格式基本一致，第一部分为上书人的头衔、名字即海昏侯刘贺或其夫人待；第二部分为上书陈述的事情和受书人即皇帝或皇太后；最后另起一行写上书时间，

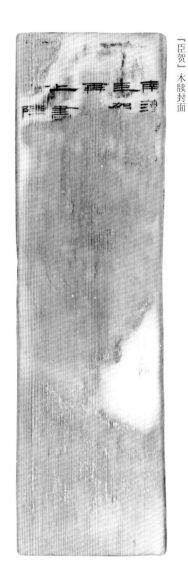

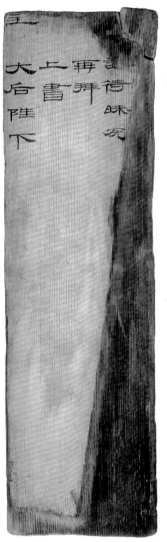

部分木牍在上书时间之后记录对回复或收录处理的时间、处理的结果。比如，"贺正月"木牍，最后一句"元康四年二月丙子门大夫"为上书退回海昏侯家后公文接收情况的记录，用淡墨章草书写。元康四年十月"贺正月"木牍："……/……/贺正月……/大后陛下陪臣行行人事……妾待昧死再拜以闻/大后陛下……/元康四年十月癸酉上"这份上书系刘贺夫人"待"向上官皇太后上书，表达想派遣家臣参加元康五年（公元前61年）正月朝贺典礼的愿望；另有数枚有关"贺正月"的木牍，是刘贺给皇帝或皇太后上书，其中有"璧一白薦"字样，可以与《汉书》所记朝觐时需"皮币璧薦"相印证。元康四年"秋请"木牍："南藩海昏侯臣贺昧死再拜上书言/□□□臣贺昧死再拜谨使陪□□□事仆臣饶居奉书昧死/再拜为秋请/帝陛下陪臣行行人事中庶……臣贺昧死……/帝陛下/元康四年……"这份上书系刘贺上书汉宣帝，请求派家吏仆饶居、中庶子两人代表自己参加元康四年的秋请礼仪。下文中有关"酎黄金"的木牍，与此属于同一件事，刘贺请求按照规定派家臣饶居代表自己向皇帝奉上该年应该交纳的酎金。出土木牍显示，同一件事，至少包括刘贺分别向皇帝、皇太后，夫人向皇太后的3封上书，足以说明刘贺对恢复宗庙祭祀权、重回朝堂是何等渴望。在西汉，王侯分封在全国各地，需要定期参加"朝请"，岁首朝见天子的大朝贺叫"朝见"，王侯必须亲自前往京城长安，并用白鹿皮币奉上青璧作为贺礼，这种皮币由少府特制，每张一尺见方，值40万钱，实际上是皇帝向王侯们收取赋税的一种

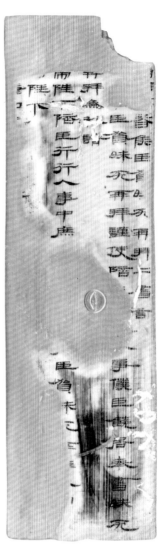

「秋请」木牍

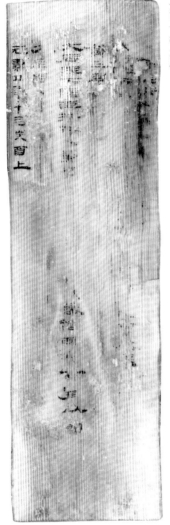

「贺正月」木牍

"元康三年"墨书饼金

方式，以此表示对皇帝的臣服、忠诚。汉初用《颛顼历》，岁首在每年十月，汉武帝太初元年（公元前104年）改正朔后，推行《太初历》，岁首在每年正月。宣帝时期"朝见"在正月举行，所以刘贺在十月就提前上书。每年八月朝见天子叫"秋请"，在太庙举行的饮酎礼王侯不必亲自前往长安，可以派遣家臣代劳，但必须如数贡纳酎金。《酎金律》规定，封国上交的酎金，以总人口数为基数，每1000口交黄金4两，超过500口不足1000口者仍交4两，不足500口则可忽略不计。

宗庙是汉王朝家天下的标志，是联系刘氏宗人血缘的纽带，也是祭祀祖先和议事、论政的重要场所。宗庙和社稷紧密相连，被视为国家的象征。当时宗庙祭祀场所多，祭祀礼仪复杂，祭祀频率高，祭祀费用大，需要王侯岁时参加宗庙祭祀，助祭贡金。参加宗庙祭祀，既是王侯作为大汉臣子对皇帝应尽的义务，又是刘氏宗人享有的政治权利。元康三年汉宣帝在分封刘贺的同时，规定他不得参加宗庙祭祀，即剥夺了他的祭祀权。刘贺到豫章海昏后，就此不断上书，表示愿意履行列侯的义务，从出土木牍和《汉书》相关记载来看，他恢复"朝请"权的愿望没有达成。

西汉时期，王侯分封在地方，形成国中之国，王侯要定期参加朝请，述职纳贡，这是一项重要的礼仪制度。参加朝请是身份和地位的象征，必须事先上书申请、获得批准后方可进行，是王侯效忠皇帝、臣服朝廷的体现，也是维护君主独尊地位、控制王侯的一种重要手段，它对巩固和加强中央集权、促进与增强皇室内部秩序稳定有不可忽视的作用。据《汉书》记载，朝请制度是强制性的，如有违犯，就会受到严厉惩罚，比如，东莞侯刘吉、重侯刘儋，或因没有按时参加朝见，或因没有派代表参加秋请，侯国被废除；豫章郡境内的建成侯刘拾于汉武帝元鼎二年（公元前115年）参加正月朝贺，因为侯府行人未准时赶到呈送皮币荐璧的礼仪，侯国被废除。

刘贺夫妇上书木牍是刘贺夫妇上书汉宣帝与上官太后的上行官文书，是迄今所仅见等级最高的汉代上行公文原本，内容涉及朝贺、秋请、酎金等内容，对研究当时的朝请制度、公文制度和刘贺被封为海昏侯前后的历史有重大意义。比如"酎黄金"木牍，还可以与同墓出土的"元康三年"墨书饼金铭文互证，木牍记载此次计划进贡酎金84两，5块墨书饼金总重1321.8克，折合84.6汉两，二者相符。

5

错金银神兽纹青铜当卢与驷马安车

　　刘贺墓车马坑出土错金青铜仙禽神兽纹当卢1套4件，造型相近，略呈倒三角形，构图层次丰富，内容连贯，寓意吉祥，纹饰精美，金、铜两种贵金属鲜明的颜色对比，给人以强烈的视觉冲击力，形成了繁缛华丽、极富动感的风格。

　　当卢甲：构图分3部分，上部中央为1只四足腾空跃起的虎，作侧身式，下面左右两边分别有1圆圈，左边圆圈内有玉兔、蟾蜍，寓意月亮；右边圆圈内有1只三足乌，寓意太阳，描绘的是天界。中间为2条交尾翼龙向上升腾，龙首向外，两龙之间有1啥珠凤鸟展翅振翮侧身伫立，龙尾环绕的空间有1条鱼，作侧身式，示意龙腾出海，描绘凤鸟乘龙从人间飞升的画面。下方为1只回首侧身伫立的凤鸟。

　　当卢乙：构图分3部分，上方为兽面纹，张开巨口，衬托1只四足腾空跃起的侧身虎，示意神虎镇守天门；中间部分为2只交体翼龙向上飞升，龙首已经越过虎把守的天门，双龙相交

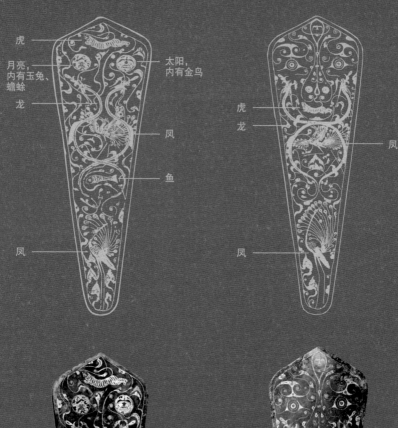

虎
月亮，
内有玉兔、
蟾蜍
龙
太阳，
内有金乌
凤
鱼
凤

虎
龙
凤
凤

错金仙禽神兽纹青铜当卢甲

错金仙禽神兽纹青铜当卢乙

凤

虎

龙

凤

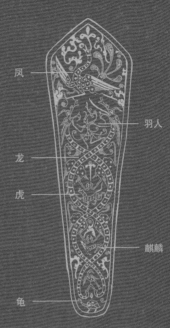

凤

羽人

龙

虎

麒麟

龟

错金仙禽神兽纹青铜当卢丙

错金仙禽神兽纹青铜当卢丁

处下面为展翅振翮侧身衔珠凤鸟，双足呈跨越式，示意凤鸟已接近天门，准备进入。下方为 1 只回首侧身伫立的凤鸟。

当卢丙：构图分 2 部分，上方主体为展翅振翮侧身衔珠凤鸟，脚踏祥云，其下有 1 只虎，作侧身式，虎下为 2 条交体翼龙，衬以星云纹，描绘的是天界。下方为 1 只回首侧身伫立的凤鸟。

当卢丁：构图分 3 部分，上方是画面的主体，有一展翅振翮侧身衔珠朱雀；其下为缠绕的蛟龙，龙首相对，相交的龙体将图像分割成 4 个空间，龙首之间为 1 驭龙羽人，其次为侧身虎，再次为侧身梅花鹿，最下为 1 只鸟立于双龙尾部。下方为 1 只爬行的龟。

错金当卢装饰工艺流程：在青铜器体上运用平錾和丝錾技法錾刻出线形起稿线，勾画出图案纹样，再用丝錾技法进行细部刻画，形成相应图案沟槽，嵌入含金量约 98% 的高延展性金片、金丝，经捶打填实后，用厝石反复磨错器物表面使其平整。线刻工艺十分高超，錾刻出来的沟槽细腻流畅，尤其对仙禽神兽的刻画细致入微，如凤鸟羽毛、鱼尾纹、龙翼，排列整齐，线条清晰。

当卢以中轴线为基础构图，采用点、线、面相结合的表现手法，注重对称与均衡，双龙以交缠向上的动态为图像提供了连通上下的形式美，将各部分连贯为一个整体，采用流畅、圆润的线条，在有限的空间内，用线将画面分割出多个比例适宜的空间，层次丰富，大小适度，动静得当，相映成趣，在视觉上产生一种协调的美感，突出当卢表达的主题。在装饰上，采用变形、夸张的手法，用单线勾勒与平涂相结合的方式，富有变化的笔触，让画面中的各要素通过大小、方向、曲直、虚实、开合等方面的对比，相互衬托，通过线的长短、粗细、疏密等方面的变化，使画面疏密有致，表现出安静、和谐的庄重感，流动的云气纹环绕在主体形象的周围，呈现出飞动流畅的效果。

以上当卢，前3件图像的内涵高度关联，是一个整体，反映了汉人的宇宙观和渴望长生不老、羽化升仙的思想。前3件当卢基本上由虎、双龙、双凤构成，回首伫立的凤鸟，神态、位置始终没有变化，均位于下方，区别在于展翅凤鸟与龙、虎两种动物的相对位置关系，位置的变动，代表了不同的意境。汉人认为人死后，灵魂与肉体（即魄）分离，可以借助仙禽神兽飞升成仙，回首伫立、神态安静的凤鸟代表人死后的肉体，展翅振翮的凤鸟代表死后的灵魂。当卢甲为驭龙飞升图，寓意灵魂在神龙帮助下从人间飞升天界。当卢乙为天门图，寓意灵魂乘龙到达天门，等待守门神虎放行。当卢丙为登仙图，灵魂跨越天门，进入天界，愉快地在祥云瑞彩间穿梭。当卢丁与前3件之间造型、装饰风格相近，但内容有别，主体由展翅凤鸟变为羽人；衬以汉代艺术常见的四灵，代表四方，寓意灵魂乘龙遨游于天地之间，前三件当卢中代表灵魂的展翅凤鸟、代表肉体的回首侧身伫立凤鸟也消失了，正是为了表达灵魂已经羽化，蜕变成了仙人，生活在仙界，长生不老，可以称之为仙界图。

当卢是缀于勒或络头、饰于马额中央的金属饰具。"卢"即"颅"的通假字，因在马头颅正当中，故名"当卢"，又名"钖"。《诗经·大雅·韩奕》有"钩膺镂钖"之句，《毛诗正义》郑玄笺云"眉上曰钖，刻金饰之，今当卢也"，孔颖达疏说"《巾车》注亦云：'钖，马面，当卢刻金为之。'所谓镂钖当卢者，当马之额卢，在眉眼之上。"可见当卢是系在马额头中央部位的金属饰品，一般在马的额头中央偏上部，通过额带固定在马鼻革与额革的交接处。当卢作为马饰的一部分，与人类对马的驯服、使用和时代审美息息相关，在世界各地，尤其在游牧骑马民族占主导地位的北亚、西亚和中亚一带都有发现。西汉时期，王公贵族对车马装饰极为重视，当卢制作与使用非常普遍，中原地区的汉墓中时有发现，洛庄汉墓出土鎏金镂空当卢和错金银当卢，满城中山靖王刘胜墓出土当卢38件。

西汉王侯陵墓流行用车马随葬，汉宣帝和元帝时期的诸侯王陵一般随葬3辆马车，刘贺墓陪葬坑中埋葬5辆实用的木质绘车和活马若干，是长江以南地区汉代列侯墓用真车活马随葬的第一个实例，并且是随葬车马最多的一例，出土车马器4000余件，制作极其考究，鎏金错银，与《后汉书·舆服志》所载"皇太子、皇子皆安车，朱班轮，青盖，金华蚤，黑虡文，画輈文辀，金涂五末。皇子为王，锡以乘之，故曰王青盖车"中的"王青盖车"相似。看来，刘贺是把他做昌邑王时的车马用来陪葬了。4件一套的错金青铜当卢，也与汉代驷马安车暗合，与之配套的还有错金笠毂、错金银衡末饰、错金轭足、错金银盖弓帽（即金华蚤）等装饰风格相近的车器，组成成套车马器；其他鎏金、鎏银车马器，造型、装饰风格相近，成套成组，可以区分出若干套，随着出土文物保护修复工作的推进，将来可以复原出刘贺的车马容饰。

错金银凤纹青铜衡末饰　　　　　　　　凤纹

错金银青铜盖弓帽

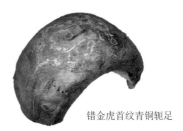

错金虎首纹青铜轭足

错金虎首纹青铜笠毂

玉具剑与佩剑习俗

刘贺墓内棺刘贺遗骸左腰外侧出土玛瑙具鎏金扁茎折肩青铜剑，是刘贺的随身佩剑。圆盘形铜剑首，与剑茎分铸，底部细柱开凹槽，两侧对穿圆孔，正好可以与剑茎末端圆孔对穿，便于用细钉横穿铆合。扁茎，茎末端有 1 个小圆孔，用于与剑首铆接，茎上装黑漆木柄（当时称"夹"），便于握持；窄长条形腊，中脊隆起，两从呈弧形下凹，形成血槽，锐锋，通体鎏金，是春秋晚期以来流行的无格扁茎长条式剑。茎与腊交接处套接红缟玛瑙剑格，白色部分纯净透明，玻璃光泽，红色部分呈致密块状分布，属于上等玛瑙红白料；剑格正

玛瑙具鎏金扁茎折肩青铜剑

视呈凹字形，上端中部琢出凹形缺口，中间起脊，下端出尖；中有一个菱形穿孔。

铜剑插在黑漆剑鞘内，剑鞘正面中部偏上位置镶嵌玛瑙剑璏，白色部分纯净透明，玻璃光泽，红色部分呈致密块状分布，属于上等玛瑙红白料；玛瑙剑璏作短檐式，呈长方拱形，弧角长方形仓居中，两端出檐、无出卷。

玉具剑在汉代泛指用玉、玛瑙、琉璃、水晶之类玉石装饰剑体和剑鞘的剑，剑柄与剑鞘上镶嵌的玉石配饰，称为玉剑饰，是玉具剑的构件。据《汉书》记载，西汉时期，除玉具剑外，还有驳犀具剑和樀具剑。驳犀具剑是指用角或玳瑁之类材料装饰的剑；樀具剑则是指用木料装饰的剑。玉具剑这一名称最早见于西汉，《史记·田叔列传》记载，汉武帝下诏，从大将军卫青门客中挑选郎官，卫青让家庭富有的门客"具鞍马绛衣玉具剑"，等待汉武帝挑选。考古资料显示，西汉时期始见装饰4种玉剑饰齐全的玉具剑，中山靖王刘胜墓、广州西汉南越王墓、柿园梁孝王王后李氏陵、南阳百里奚西汉墓、巨野红土山西汉墓和南昌刘充国墓均出土了带有完整玉剑饰的玉具剑，上述墓葬均为西汉高等级贵族墓，以刘胜墓玉具剑时代最早。

西汉是玉具剑发展的极盛时期，玉剑饰不仅造型优美，纹饰多样，用料考究，而且雕琢技艺也十分精湛，刀法简约大气，琢磨抛光细腻，纹饰线条或简洁自然、粗犷苍劲，或精准规矩、圆润婉转，具有极高的工艺水平，为历代玉剑饰之冠。

刘贺墓出土玉器400多件（套），在这些琳琅满目的玉器中，玉剑饰最吸引人，数量多达95件，接近总数的1/4。其中44件玉剑饰与145件各式玉器、玉料集中存放在西藏椁一件漆笥内，应为刘贺收藏的物品；其余48件出土时装饰在剑身或剑鞘上，既有木剑，又有青铜剑、铁剑，以木剑为主，外棺盖板上的3柄玉具木剑，共饰有8件玉剑饰。内外棺之间1柄玉具铁剑、内棺1

外棺盖玉具木剑出土场景

把玉具鎏金青铜剑，各饰有剑格、剑璏2种玉剑饰。这些玉具剑没有一柄装饰成套4种玉剑饰，最多的也仅仅装饰3种玉剑饰。有意思的是刘贺长子刘充国墓棺内出土的一柄玉具铜剑饰有4种不同材质的剑饰，剑首为青铜，剑格为琉璃，剑鞘饰玉剑璏、木剑珌，一柄玉具铁剑却饰有成套的4种剑饰，为我们认识西汉玉具剑玉剑饰的数量与佩带者身份地位问题提供了新

刘充国墓玉具铁剑出土场景

的视角。过去出土成套4种玉剑饰的墓多数为诸侯王陵，人们据此认为这是诸侯王玉具剑的标配。刘充国死时的身份为海昏侯国世子，还没有继承侯位，却随身佩带4种剑饰齐全的玉具剑，与刘贺随身佩剑仅饰2种玉饰的情况形成鲜明对比。同时我们也注意到，刘贺墓内外棺之间的玉具铁剑玉饰，在该墓园所有玉剑饰中玉质最好、琢工最精，属上等和田白玉籽料；刘

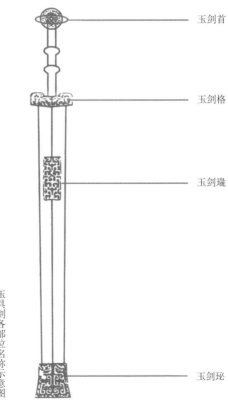

玉剑首

玉剑格

玉剑璏

玉具剑各部位名称示意图

玉剑珌

贺墓内棺出土刘贺随身佩剑剑饰为玛瑙，质地纯净，制作精工，这是汉代墓葬出土的唯一一柄用玛瑙装饰的玉具剑，而且是极为名贵的红缟玛瑙，在众多汉代玉具剑中显得特别突出。相比之下，刘充国的佩剑，虽然 4 种剑饰齐全，但玉质较差，琢工粗糙。

一套完整的玉剑具，通常包括玉剑首、玉剑格、玉剑璏、玉剑珌 4 种玉饰，玉剑首和玉剑格是镶嵌在剑身上的玉饰，体型较小；玉剑璏和玉剑珌是装饰在剑鞘上的玉饰，常穿剑带用以悬挂、佩系，体型相对较大。刘贺墓出土的玉剑饰材质多样，数量众多，品种齐全，器形多变，工艺精湛，时间涵盖了春秋至秦汉时期。这批横跨四五百年的玉剑具，反映出春秋战国、秦汉两个时代玉剑饰各自鲜明的特色，让我们得以从一座

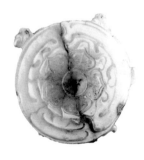

螭纹玉剑首

螭纹玉剑格

墓葬窥见玉具剑的发展和演变历程。

古人佩剑，一是炫耀身份地位，二是提防不测以自卫，佩剑的长短、轻重、装饰是身份地位的反映。据《周礼·考工记》，士人的佩剑分三等：上士佩剑，长3尺5寸、重3斤12两；中士佩剑，长2尺5寸、重2斤14两；下士佩剑，长2尺、重2斤1两。汉代因制作更为简便、功能实用、适宜装甲骑兵近距离格斗的环首刀取代剑成为标准武器装备，剑退出实战舞台，成为贵族礼仪活动中佩带的装饰品，拥有制作精良、装饰华美的玉具剑成为社会地位和权力的象征。汉代佩剑成风，从剑的长短、工艺到装饰材料、装饰纹样都有着严格的制度限制与礼仪规范，形成了一套与佩剑相关的礼仪制度。秦末汉初，因黄老之学盛行，人们又把佩剑和其他一些服饰与五行

螭纹玉剑璏

鸟纹玉剑珌

西藏樟带鞘剑出土场景

走 近 海 昏

学说相联系。《春秋繁露》曰："剑之在左，青龙之象也。刀之在右，白虎之象也。韨之在前，朱雀之象也。冠之在首，玄武之象也。四者，人之盛饰也。"刘贺墓内棺中，身体左侧佩玉具剑，右侧佩错金云纹环首铁刀，即《后汉书·舆服志》中所记载的"金错刀"，正是这一礼仪的写照。汉代晚期其他诸侯王陵出土佩剑与佩刀的摆放位置，均符合《春秋繁露》中关于剑、刀在礼制位次的记载。汉代佩剑不但是佩剑礼仪中的一种象征礼器，更是其等级制度的象征。作为汉代佩剑文化的载体，櫑具剑、驳犀具剑与玉具剑皆可通过自身的容饰特点区分出不同佩带者的身份、地位。玉具剑是汉代佩剑中容饰最为豪华的佩剑，佩带者身份大致为侯爵及其以上的贵族。玉具剑在汉代皇室贵族的政治活动中具有重要作用，据陆贾《楚汉春秋》，项羽派武涉策反淮阴侯韩信，韩信对说客说，刘邦赏赐我"玉案之食，玉具之剑"，如果背叛他，愧对于心，足见玉具剑在汉代礼仪中地位之重。赐剑为皇帝赏赐有功大臣的一种重要措施，也是向邻国彰显友好之意的一种礼仪。"剑履上殿"是皇帝对功臣或重臣的一种特殊礼遇，代表的是皇帝对臣子的倚重，西汉享受此殊荣者仅开国功臣萧何一人。其他人上朝只能随身佩带木剑以代替真剑，史书中称之为"班剑"。班剑是一种以木制作、刻饰花纹的礼仪用剑，又称"木剑"或"象剑"，因剑首饰物材质的差异而有贵贱之分。刘贺墓中出土了大量木剑，相当一部分制作精美，装饰有雕琢精工的玉剑饰，附有绘画精美的漆剑鞘、剑椟，不能视之为明器，可以称之为玉具木剑，也就是《晋书》所说的仅具礼仪性质的"班剑"。

虫珀佩饰与丝绸之路

　　刘贺墓主椁室东室南部出土1件虫珀佩饰，椭圆形，浅黄色，一侧边缘部位包裹1只昆虫，中部对穿一孔，便于穿系佩戴。这是目前考古出土的时代最早的虫珀制品。

　　从文献记载来看，琥珀在汉初为人们所认识，被称作"虎珀""虎魄""遗玉""江珠"等。"琥珀"一词，最早见于西汉初年陆贾编著的《新语·道基》："琥珀、珊瑚、翠羽、珠玉，山生水藏，择地而居。"在汉代文献中，琥珀常与金玉、琉璃、珊瑚等珍贵之物并举，且多为贡品，供皇室贵族赏玩。据《汉书》《后汉书》记载，琥珀多产于云南、缅甸与南亚地区，西汉史游《急就章》、东汉班固《汉书》称"虎魄"，西汉刘向《别录》、晋张华《博物志》称"江珠"。《别录》云："琥珀一名江珠。"左思《蜀都赋》云："其间则有虎魄丹青，江珠瑕英。金沙银砾，符采彪柄，晖丽灼烁。"刘陆注："博南县出虎珀。"注又引扬雄《蜀都赋》："瑕英江珠。"由此可知，"虎珀""江珠"

之名在西汉已通行。汉代琥珀制品的数量、形制和工艺都达到了一个新的水平。

世界上琥珀的储藏有数百处之多，但储藏丰富且值得开采的，约 20 处，亚洲的马来西亚、缅甸，欧洲的西西里、波罗的海，美洲的多米尼加、墨西哥均以盛产琥珀闻名。波罗的海琥珀的颜色一般趋黄，有透明清澈的，也有内含气泡而呈雾状的。缅甸和马来西亚是亚洲两大著名的琥珀产区。缅甸琥珀颜色以深红为主，有荧光，氧化后颜色更深，大致有金珀、血珀、棕红珀数种，以血珀最著名；又因内含方解石，质地致密，硬度偏高，是所有琥珀中硬度最高的一种，因此被称为硬琥珀。

波罗的海是世界上储量最大、开采时间最长、使用历史最悠久的琥珀产区，产品被大量用于欧洲的琥珀贸易。当地居民至少从 1 万年前起，就开始采集、打捞漂浮在海面的琥珀，运往意大利半岛进行贸易。青铜时代，连接欧洲北部波罗的海及南部地区的琥珀之路，北起丹麦日德兰沿海或波兰的珊兰登半岛，然后沿易北河南下至多瑙河，翻越阿尔卑斯山，抵达意大利以及地中海沿岸的其他中心城市。在地中海，琥珀之路与古丝绸之路交汇，通向中亚、南亚和东亚。在公元前 6 世纪，波罗的海琥珀借助希腊、斯基泰商人之手，经欧亚草原丝绸之路或皮毛之路，理论上可达中国北方游牧民族地区，亦可沿南方海上丝绸之路运抵南部沿海港口城市。罗马贵族对琥珀的喜爱，推动了琥珀之路的繁荣，罗马是当时欧洲琥珀艺术的中心。罗马在汉代文献中被称为大秦，波罗的海琥珀作为大秦特

虫珀佩饰

圆雕琥珀虎

圆雕琥珀虎

产，为汉人所知。

汉代波罗的海琥珀输入的路线至少有陆路、水路两条。其一经北方绿洲丝绸之路。汉代出土琥珀遗址北方分布带居于新疆、青海、内蒙古、陕西、河北、辽宁一线，以实物证明这条商路的存在。其二经南方海上丝绸之路。广西合浦、广东广州等沿海港口城市的汉墓中，多见琥珀，并伴出多面金珠、小金壶等富有异域文化风格的小饰物，汉代出土琥珀遗址南方分布带居于云南、贵州、四川、广西、广东、湖南、江西一线，以实物证明海上贸易路线的存在。刘贺墓出土圆雕琥珀虎的原料为波罗的海琥珀，雕刻工艺是典型的"汉八刀"，在刘贺墓所有出土文物中，其原料产地最远，为我们了解西汉文明的视野提供了一个全新的视角。

缅甸琥珀，出产于与我国云南接壤的缅北克欣邦胡康河谷，属深井矿珀，开采难度大，产量有限。缅甸琥珀在汉代文献中已有记载，《汉书》中的掸国在今缅甸境内，离永昌郡城有 18 天路程，掸国遣使入汉朝贡、朝贺，从水道进入永昌郡，因此永昌城成为包括琥珀在内的南方珍宝的集散地，西汉文献中所说的永昌琥珀，实际上是掸国物产。同时，掸国还可以通过与中南半岛的贸易，获得从海上丝绸之路进入的波罗的海琥珀，那么汉代所谓永昌琥珀，也不排除其中一部分产自波罗的海沿岸。刘充国墓出土 2 只圆雕琥珀虎，呈半透明的棕红色，质地致密，与缅甸出产琥珀外观特征最为接近。

西汉时期，张骞通西域，沟通了中国与中亚地区的陆上交通，因中国以输出丝绸为主，后来人们称之为丝绸之路，我国古代对外经济文化交流活动长期经由这条道路沟通。这样就把丝绸之路放在中国与地中海文明之间交往的基点上，丝绸之路便是古代中国经中亚通往南亚、西亚连接北非和欧洲，以丝绸贸易为主要媒介的贸易、文化交往之路。这是一个富有诗意的名字，容易使人们联想到永不停息的驼队驮着五颜六色的丝绸缓慢地穿越雪山环绕的沙漠、穿过绿洲城镇的画面。两汉时期，丝绸之路从西安出发，向西经陇西或固原过兰州后出嘉峪关，经河西走廊到达敦煌，出玉门关或阳关，分南北两条路线，北线沿着天山南麓、塔克拉玛干沙漠北缘经绿洲城市哈密、吐鲁番、库尔勒、库车和阿克苏到达喀什；南线经绿洲城市若羌、且末、尼雅、和田和莎车到达喀什。从喀什出发，经过帕米尔高原北部到达撒马尔罕和布哈拉，或者从帕米尔高原南部到达巴尔赫、马里。以马里为起点，又有多条路线，即经巴格达到大马士革或安提阿或伊斯坦布尔通向地中海，还可到达黑海沿岸的特拉布松。在绿洲城市和地中海城市之间，丝绸之路在草原沙漠的边缘延伸。

国内外学者依据历史文献和考古学材料进行深入研究，确认了从北部湾出发到东南亚、南亚等地的汉代海上丝绸之路，丝绸、黄金、珍珠等是汉代海上丝绸之路的主要贸易商品。西汉对外海上贸易和交通中心在北部湾，沿海地区的合浦、徐闻和日南（今越南境内）成为海上丝绸之路的最早始发港，汉朝以缅甸和中南半岛为桥梁，与印度和罗马帝国交往。合浦濒临北部湾，汉朝设立合浦郡，并把徐闻划归合浦郡管辖，合浦自然成为西汉时期中国通往海外的始发港和外国人来华的首冲口岸。汉帝国正是通过岭南地区而被纳入当时的"世界贸易体系"，原先东南亚各地孤立的交易体系被联结起来，纳入一个巨大的网络，这个网络从西欧通过地中海、波斯湾和红海延伸到印度、东南亚和中国……这条海上丝绸之路的开辟，奠定了后世东西方海上交通的基本路线。从合浦港出发，由南流江往北通过北流江、西江、桂江、灵渠、湘江，可与中原沟通；往西北通过红水河，可与云、贵、川等中国西南地区联系；往西南通过海、陆途径，可与东南亚、南亚等地交往。

西汉阳关烽燧遗址

汉王朝派遣使团携"黄金杂缯"到东南亚、南亚一带交换的奇石异物主要包括琥珀、琉璃、水晶、石髓、玛瑙和黄金等珠饰，足以证明早在西汉前期合浦已是一个中外商贾云集、繁华富庶的国际商港，是远航东南亚、南亚、西亚、东非的最早海上丝绸之路的始发港。考古工作者在合浦发现了近万座汉墓，在已发掘的上千座汉墓中，出土了数量众多的铜器、陶器、玉石器、金器等中国本土出产的珍贵文物，还出土了可能产自南亚、东南亚等地的玛瑙、琥珀、玻璃、水晶、香料。这些珍贵文物，是合浦作为海上丝绸之路始发港的物证。

肉红石髓珠饰

陆上、海上丝绸之路，不但沟通了古代东西方之间的贸易与友好往来，增进了各民族之间的了解和友谊，而且也推进了东西方经济文化交流，丝绸之路的开通，对世界文明做出了重大贡献，刘贺墓园出土产自波罗的海和缅甸的琥珀以及来自西亚的玛瑙、水晶，是汉代丝绸之路的见证。

水晶珠饰

《诗经》竹简与西汉经学

刘贺墓西藏椁出土《诗经》竹简（下称"海昏《诗》"）1200 余支，占全部出土竹简 5279 支的四分之一。海昏《诗》每支长 23 厘米、宽 0.8 厘米，有三道编绳，容字 20—25 个；包括经文、附于正文的训诂和篇末类似诗序的文字，展现了西汉早中期的《诗经》文本形态。海昏《诗》结构严谨、分章有序，共 305 篇、1076 章，与今传本《毛诗》篇数相同，少 66 章。总目录的格式分《风》《雅》《颂》三大部分排列，《风》的目录按国别分组，《雅》《颂》目录各以 10 篇或 11 篇为 1 组，比如《云汉》就是 11 篇为 1 组；《鲁颂》4 篇，《商颂》5 篇，均不足 10 篇，二者目录合为 1 组。每组目录各集中书写在数支简上，构成一相对独立单元。在总目录前有一支简作为书名简，标示书名、总章数与句数，简首标有黑方块提示符号，如"■诗三百五扁　凡千七十六章　七千二百七十四言"。目录计句数，称"言"，不称"句"。在《风》《雅》《颂》各部分

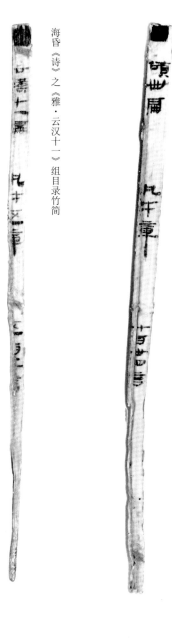

海昏《诗》 书名竹简

海昏《诗》之《雅·云汉十一》组目录竹简

海昏《诗》之《颂》 分目录标题竹简

目录之前，亦分别用一简作为标题简，注明该部分的名称及总篇数，简首亦涂有黑方块提示符号，如"■颂册扁　凡七十章　七百卅四言"。

　　海昏《诗》正文以组为单元，每组前有几支简书写组名与篇名目录，篇名取自首章首句或其中词语；组名另起一简，简首标大圆点"●"；每章另起一简，简首有小圆点"·"标志起首，末尾标小圆点"·"，其下注明该章章序、句数；每篇结尾记篇名、章数、每章句数与总句数；一组结束后另起一简记组名，简首亦标以较大的圆点"●"作提示，组名下记所含篇、章、句数；对诗中词语与文句所作注解，夹在正文中，文字大小同于正文；每篇末尾在记章、句数后，用几个字对该篇诗的主旨进行精炼概括。正文格式中，篇末记篇名、章数与每章句数，全组诗篇正文末尾记组名与总篇、章、句数，均近同于《毛诗》，但组前有组名、篇名目录，以及注解的方式等方面与《毛诗》有别，篇末有扼要的主旨概括语亦不见于《毛诗》。以《风》之《会国》组为例，第一简为组名"●会国"，接下来是该组的目录简"素冠　匪风"；正文部分简，"●匪风僄兮匪居漏兮顾詹周道中心弔兮·其二四句"；《匪风》篇末尾简"●谁将西归怀之好音願相之也·其三𝐿匪风三章章四句凡十二句刺上""刺上"就是对该篇主旨概括语；该组最后一简"会国四扁章十二册五句"。

　　从海昏《诗》之《雅》的篇次来看，符合鲁诗的特征；海昏《诗》训诂与《尔雅》关系密切，与《毛传》对《尔雅》的

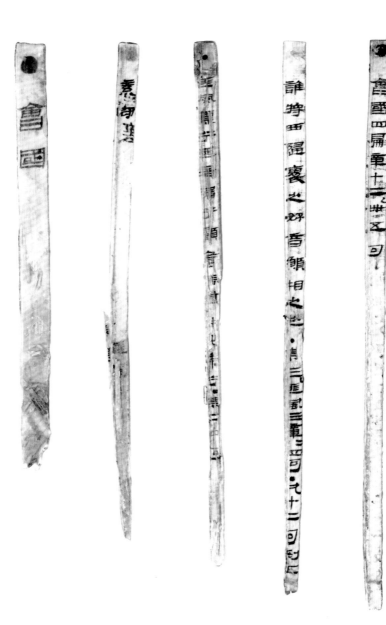

海昏《诗》之《会国》竹简

理解则有所不同，这些都符合前人对《鲁诗》与《尔雅》渊源的判定，海昏《诗》整体上与鲁诗的特征大体吻合，是非常珍贵的早期《鲁诗》传本。海昏《诗》的体例，经文、训诂、序三者皆备，其训诂夹在经文中，属于典型的随文训释，训释的方式较为简单，体式类似《毛传》，解释字词在诗中的含义，比如海昏《诗》《大雅·文王之什·下武》简："下武维周武继也下"，"武继也"字体大小与经文相同，内容属于训诂，与《尔雅·释诂》"武，继也"相同。

海昏《诗》符合《汉书》记载的"申公独以《诗经》为训故以教，亡传，疑者则阙弗传"，应是申公的《诗》学著作。昌邑太傅王式严守申公之学，不自润色，故海昏《诗》最有可能是王式传承下来，并用于教育、劝谏刘贺的文本。刘贺去世于汉宣帝神爵三年，海昏《诗》的成书时间在此之前，保存了西汉早、中期《诗》学文本的样貌。申公以《诗》授瑕丘

海昏《诗》之《下武》竹简

江公、鲁许生、免中徐公，王式曾师从徐公及许生。王式教授弟子的文本即是申公的训诂，作为昌邑王师，他以此授刘贺也属当然。因此刘贺墓中所见有训诂、有大义的诗学文本，可能是王式传下来的申公之本。刘贺去世并下葬的时间距离刘向父子校书要晚 50 多年，这期间经学历经了两次重要的整合，其一是汉宣帝甘露三年（公元前 51 年）召开的石渠阁会议，其二为刘向父子校书。其间经学撰著的体式与内容也屡变，刘向父子董理群籍之后，传本逐渐单一，他本逐渐消失。西汉经学纷杂家派的确立，始自宣帝石渠阁会议，此后产生的各家学派叙述中对于西汉前、中期六艺典籍的流传情况，不免有所失真。石渠阁会议召开在刘贺下葬 8 年后，海昏《诗》为石渠阁会议之前的《鲁诗》样貌，恰好是西汉经学发生变化之前的重要文本。抄写于宣帝时代及以前的海昏《诗》，是最好的第一手资料。海昏《诗》带有《汉书·艺文志》所述《鲁诗》的某些特征，但又有自身特点，无法用西汉末年以后人们所述的家法来简单概括，这些文本相对稳定但又尚未固化的诸多特征，反映的是经学在西汉中期的实际面貌。由此可见，当时《诗经》《春秋》等六艺典籍流传的复杂情况，远非《汉书·艺文志》的概略归结所能总括。

申公传《诗》，形成了两个风格迥异的流派，"许生、徐公—王式"一系延续了申公严谨笃实之风，大多谨守师说；"瑕丘江公—韦贤父子—博士江公"一系则增益师说，究极旁通，好章句之学，而弟子众多，不少人或至三公，或为帝师，影响及于东汉。汉宣帝、元帝时期，是西汉经学发生变化的时期，家学纷立，章句之学兴起，学者多对师说进行增益、发明和演绎，拘守师说的解释方式渐不为人所重，家学的不断分立也使得各家需要对诗说不断增益、发明和演绎，以致"一经说至百万言"，于是各类章句、说、内外传等经学传注体式相继涌现，而简明疏通的申公《诗》学渐无人问津。幸运的是，今天海昏《诗》的出土使这一文本重现于世。

汉代学习与传授《鲁诗》者众，与《齐诗》《韩诗》共立于学官，民间则有《毛诗》流传。东汉人郑玄为《毛诗》作笺后，《毛诗》一家独大，后《齐诗》《鲁诗》《韩诗》（内传）先后亡佚。自南宋始陆续有学者作汉三家诗辑佚，至清代尤盛，更有学者专作《鲁诗》辑佚，如王谟《鲁诗传》、马国翰《鲁诗故》、陈乔枞《鲁诗遗说考》等，所辑除少量《熹平石经》残石文字外，均为汉人所引零散文字，其中多有揣测成分。海昏《诗》是《毛诗故训传》之外又一部西汉早期经注的重要著作，海昏《诗》的出土，给我们重新审视西汉经学的发展、经注体式的变化，提供了极有价值的材料。

海昏《诗》《春秋》等六经典籍的出土，让我们得以一窥西汉中后期经学发展的面貌。汉武帝即位初期，实施"罢黜百家，表章六经"的国策，罢法家、纵横家、黄老、刑名百家之言，罢黜了儒家《孟子》等诸子博士，诸子百家从官学系统退出。建元五年（公元前136）设立五经博士，确立博士弟子员制度，太学、郡县学以五经为教，举贤良、察孝廉，要考试五经，士人通经入仕，官员以经治国，标志着子学时代的结束，经学时代的开始。

六经又称六艺，据《周礼·地官·大司徒》，六艺包括礼、乐、射、御、书、数六种技艺。战国时，六艺演变为《诗》《书》《礼》《乐》《易》《春秋》六种典籍，又称六经、六籍等。六经是王教之典籍，先圣所以明天道、正人伦、致至治之成法，蕴含着治国之道，六经与儒家不能画等号。只是随着汉武帝"表章六经"政策的实施，六经与儒家联系越来越密切，以致被视为儒家经典，实在是以偏概全。

六艺乃周官之旧典，《易》掌太卜，《书》藏外史，《礼》在宗伯，《乐》隶司乐，《诗》领于太师，《春秋》存乎国史。春秋时，孔子整理六经作为教学的课本，从此六经与儒家联系越来越密切。因为《乐经》失传，剩下五部，汉武帝时只能设立五经博士，专门研究、传授五经。罢黜百家，表章六经，走出了尊崇某个学派、诸子互黜的怪圈，以经治国，统一思想，规范人们的行为，选择善于用经术缘饰吏治的官僚，由此开辟了汉代的经学时代，并且深刻影响了中国以后两千多年的经学发展。尊经与尊儒有区别，表章六经与独尊儒术并不相同。《汉书·艺文志》中分为七略，即七大部类，六经归入六艺略，儒家等归入诸子略，六经与诸子在汉代人的观念中，不仅归类不同，而且有经传之分、尊卑有别。《隋书·经籍志》分为经史子集四大部类，五经归经部，儒家等归子部，历经清《四库全书总目》，直至现代的《中国古籍善本书目》《中国古籍总目》等，均用经史子集分类。

汉武帝时六艺经典成为官学的主要内容,武帝诸子亦以六经进学,例如:戾太子刘据师受《公羊春秋》《穀梁春秋》;燕刺王刘旦博学经书杂说,好星历数术;昌邑哀王刘髆更是由武帝亲选精通五经的太傅夏侯始昌教授《齐诗》《尚书》。昌邑郎中令龚遂专门挑选郎中张安等 10 位通经术有行义的人与刘贺起居,坐则诵《诗》《书》,立则习礼容,《汉书》对太傅王式每天给刘贺讲授《鲁诗》的情况有详细描述。

《汉书·宣帝纪》记述接替刘贺继任皇帝的刘洵,"至今年十八,师受《诗》《论语》《孝经》,操行节俭,慈仁爱人";《汉

海昏简编绳残痕

走 近 海 昏

书·景十三王传》云，广川王去"师受《易》《论语》《孝经》皆通"；《汉书·昭帝纪》载，昭帝"通《保傅传》《孝经》《论语》《尚书》"，说明《论语》《孝经》入门之外，《诗》《易》《尚书》等均为"所受一经"。刘贺父子因为当时大儒的师承辅弼，得以汇通六经，《齐诗》《鲁诗》《韩诗》《邹氏》《公羊》等不同学脉汇同于刘贺一身，既构建了其"簪笔持牍趋谒"的儒生形貌，又为西汉前、中期六艺典籍的官学传承提供了鲜活的视角。海昏简牍中除《齐论》外，另有抄写《论语》中《子路》《子罕》等篇语句的书牍，与"天子有争臣七人"之句一道显示出刘贺对《论语》《孝经》的熟习情况，印证了通经之前先通《论语》《孝经》的传统认识；墓中所出《易》《诗》《春秋》竹简系于王吉，《诗》《礼》又见于王式，修正了"汉博士皆专经教授"的论断。

从东汉以来，人们逐步放大汉武帝"罢黜百家，表章六经"的国策，引用这两句话者甚众，有所改动、融合、概括，这是经学地位逐步提升与日益巩固的表现，反映了处于不同时代的人们对于罢黜百家、表章六经的认识。1910年蔡元培在《中国伦理学史》中首次把这两句话表述为"罢黜百家，独尊儒术"，中华人民共和国成立后，"罢黜百家，独尊儒术"这一表述方式被侯外庐、翦伯赞、范文澜等著名学者写入教科书中，广为流传。

《论语》书钞木牍

走 近 海 昏

参考文献

（汉）司马迁：《史记》，中华书局，1959年。

（汉）班固：《汉书》，中华书局，1962年。

（南朝）范晔：《后汉书》，中华书局，1965年。

（清）阮元校刻：《十三经注疏》，中华书局，1980年。

湖南省博物馆等：《长沙马王堆一号汉墓发掘简报》，文物出版社，1972年。

中国社会科学院考古研究所等：《满城汉墓发掘报告》，文物出版社，1980年。

何介钧：《长沙马王堆二、三号汉墓》，文物出版社，2004年。

洪石：《战国秦汉漆器研究》，文物出版社，2006年。

孙机：《汉代物质文化资料图说》（增订本），上海古籍出版社，2011年。

辛德勇：《海昏侯刘贺》，生活·读书·新知三联书店，2016年。

江西师范大学海昏历史文化研究中心：《纵论海昏——南昌海昏侯墓发掘暨秦汉区域文化国际学术研讨会论文集》，江西教育出版社，2016年。

熊昭明：《汉代合浦港的考古学研究》，文物出版社，2018年。

白云翔：《秦汉考古与秦汉文明研究》，文物出版社，2019 年。

辛德勇：《海昏侯新论》，生活·读书·新知三联书店，2019 年。

南昌汉代海昏侯国遗址博物馆：《金色海昏——汉代海昏侯国历史与文化展》，文物出版社，2020 年。

彭明瀚：《刘贺藏珍——海昏侯国遗址博物馆十大镇馆之宝》，文物出版社，2020 年。

朱凤瀚主编：《海昏简牍初论》，北京大学出版社，2020 年。

赵明、温乐平：《畅论海昏——中国秦汉史研究会第十五届年会海昏历史文化研究论集》，江西人民出版社，2020 年。

南京博物院、盱眙县文化广电与旅游局：《大云山：西汉江都王陵 1 号墓发掘报告》，文物出版社，2020 年。

彭明瀚：《海昏藏美》，文物出版社，2021 年。

河北省文物研究所：《河北定县 40 号汉墓发掘简报》，《文物》1981 年第 8 期。

山东菏泽地区汉墓发掘小组：《巨野红土山西汉墓》，《考古学报》1983 年第 4 期。

周祥：《郡国五铢、赤仄五铢和上林三官五铢钱管见》，上海博物馆编《上海博物馆集刊》第七期，上海书画出版社，

1996 年。

山东大学考古系等:《山东长清县双乳山一号汉墓发掘简报》,《考古》1997 年第 3 期。

钟少异:《汉式铁剑综论》,《考古学报》1998 年第 1 期。

吴镇峰:《再论上林三官铸钱遗址》,《中国钱币》1999 年第 1 期。

胡平生:《简牍制度新探》,《文物》2000 年第 3 期。

陕西省文物局文物鉴定组:《谭家乡汉代金饼整理报告》,《文物》2000 年第 6 期。

党焕英:《古代佩剑制初探》,秦始皇兵马俑博物馆《论丛》编委会编《秦文化论丛》第八辑,陕西人民出版社,2001 年。

杜劲松:《关于西汉多黄金原因的研究》,《中国史研究》2003 年第 4 期。

孙机:《关于汉代漆器的几个问题》,《文物》2004 年第 12 期。

济南市考古研究所等:《山东章丘市洛庄汉墓陪葬坑的清理》,《考古》2004 年第 8 期。

高崇文:《再论西汉诸侯王墓车马殉葬制度》,《考古》

2008 年第 11 期。

　　廖国一:《从北部湾出发的汉代海上丝绸之路研究述略》,《广西民族研究》2014 年第 5 期。

　　江西省文物考古研究所等:《南昌市西汉海昏侯墓》,《考古》2016 年第 7 期。

　　王意乐、徐长青:《海昏侯刘贺墓出土的奏牍》,《南方文物》2017 年第 1 期。

　　杨君:《马蹄金和麟趾金考辨》,《中国钱币》2017 年第 3 期。

　　安天:《汉代琥珀制品的考古发现与出土地域分析》,常州博物馆编《常州文博论丛》,文物出版社,2017 年。

　　杨一一等:《西汉废帝海昏侯刘贺墓出土马蹄金、麟趾金花丝纹样的制作工艺研究》,《南方文物》2018 年第 2 期。

　　江西省文物考古研究院等:《江西南昌西汉海昏侯墓出土玉器》,《文物》2018 年第 11 期。

　　江西省文物考古研究院等:《江西南昌西汉海昏侯墓出土青铜器》,《文物》2018 年第 11 期。

　　黄希、王恺等:《海昏侯墓出土马蹄金、麟趾金内嵌物的分析研究》,《文物保护与考古科学》2018 年第 4 期。

张仲立:《海昏侯刘贺墓园五号墓初探》,《江西师范大学学报(哲学社会科学版)》2019 年第 4 期。

中国社会科学院考古研究所等:《江西南昌西汉海昏侯刘贺墓主棺实验室考古发掘》,《文物》2020 年第 6 期。

江西省文物考古研究院等:《江西南昌西汉海昏侯刘贺墓出土部分金器的初步研究》,《文物》2020 年第 6 期。

徐龙国:《汉长安城地区铸钱遗址与上林铸钱三官》,《考古》2020 年第 10 期。

杨博:《海昏侯墓出土简牍与儒家"六艺"典籍》,《江西社会科学》2021 年第 3 期。

于浩:《海昏简〈诗〉与西汉早期鲁诗传授》,《南昌大学学报》(人文社会科学版)2021 年第 10 期。

徐龙国:《西汉上林三官铭文范模研究》,《考古》2021 年第 12 期。

后记

　　2020 年 9 月，遗址博物馆建成开馆，为此我们编著了《金色海昏——汉代海昏侯国历史与文化展》《刘贺藏珍——海昏侯国遗址博物馆十大镇馆之宝》2 本书，从不同的角度解读博物馆展览和藏品，向开馆庆典献礼。这 2 本书推出后，广受读者好评，其中《刘贺藏珍》被评为江西省第 19 届优秀社会科学成果二等奖。读者反映，《刘贺藏珍》一书仅解读了 10 件镇馆之宝，读来意犹未尽，希望多介绍一些文物，于是我们在开馆一周年之际，推出了该书的升级版《海昏藏美》，将深度解读的文物数量翻了一倍，增加到 20 件，以满足读者的文化需求。还有读者留言，《金色海昏》一书为 16 开、铜版纸印刷，虽然很精美，但因书太重而不便携带。为此我们于开馆 2 周年之际，在充分吸收近年来海昏侯国遗址保护展示、出土文物修复研究最新成果的基础上，编著了这本通俗读物，介绍博物馆的展览、藏品和各种服务设施，可以作为观众参观时的导览，及时回应公众的需求。

　　本研究先后获 2016 年度国家社会科学基金重大委托项目"海昏侯墓考古发掘与历史文化资料整理研究"（批准号：16@ZH022）和 2021 年度国家社会科学基金一般项目"海昏侯刘贺墓出土漆器整理与研究"（批准号：21BKG043）资助，为该项目阶段性研究成果。"海昏侯墓考古发掘与历史文化资料整理研究"课题团结了国内近百位专家就海昏侯国遗址出土文物、海昏历史文化等进行学术攻关，取得了一批学术成果。正是得益于该课题的实施所提供的学术支撑，才使得我们能从容做到边考古、边保护、边展示，2019年底才结束刘贺墓园田野考古工作，2020年博物馆展览就如期顺利对外展出，遗址公园2021年获评国家AAAA级旅游景区，2022年通过国家考古遗址公园验收。2023年刘贺墓园保护展示项目将全面竣工，刘贺墓遗迹展示馆建成开放，向国家文物局和社会公众交出"一流考古、一流保护、一流展示"的海昏答卷。

在本书编写过程中，我们参考了大量已有研究成果，囿于体例，不能在书中一一注释，采用附录的方式列出了主要参考文献；本馆同事在收集资料、观摩出土文物标本等方面给我们提供帮助，张冰、赵可明、郭晶等为本书拍摄图片；江西人民出版社领导对本书高度重视，把本书列入该社策划的《海昏文化丛书》，责任编辑王醴颉、郭锐付出了辛勤劳动。在本书付梓之即，我向所有支持、关心该书编辑出版的领导、同事、同仁表示衷心感谢！

岁次癸卯春日于南昌

彭明瀚

图书在版编目（CIP）数据

走近海昏：南昌汉代海昏侯国遗址博物馆概览 / 彭
明瀚编著 ; 南昌汉代海昏侯国遗址博物馆编 . -- 南昌：
江西人民出版社 , 2023.7
（海昏文化丛书）
ISBN 978-7-210-14723-7

Ⅰ . ①走… Ⅱ . ①彭… ②南… Ⅲ . ①汉墓－遗址博
物馆－介绍－南昌 Ⅳ . ① G268.3

中国国家版本馆 CIP 数据核字 (2023) 第 090798 号

走近海昏：南昌汉代海昏侯国遗址博物馆概览
ZOUJIN HAIHUN: NANCHANG HANDAI HAIHUNHOU GUO YIZHI BOWUGUAN GAILAN

彭明瀚　编著　　南昌汉代海昏侯国遗址博物馆　编

出 品 人：张德意
项目统筹：梁　菁　黄心刚
策划编辑：王醴颉　　　　　　　　发行总监：王　翱
责任编辑：王醴颉　郭　锐　　　　责任印制：潘　璐
装帧设计：章　雷　王梦琦

江西人民出版社 出版发行

地　　　址：江西省南昌市三经路 47 号附 1 号（330006）
网　　　址：www.jxpph.com
电 子 信 箱：jxpph@tom.com
编辑部电话：0791-86893801
发行部电话：0791-86898801
承 印 厂：江西新华印刷发展集团有限公司
经　　　销：各地新华书店

开　　本：880 毫米 × 1230 毫米　1/32
印　　张：7.5
字　　数：100 千字
版　　次：2023 年 7 月第 1 版
印　　次：2023 年 7 月第 2 次印刷
书　　号：ISBN 978-7-210-14723-7
定　　价：78.00 元
赣版权登字 -01-2023-230